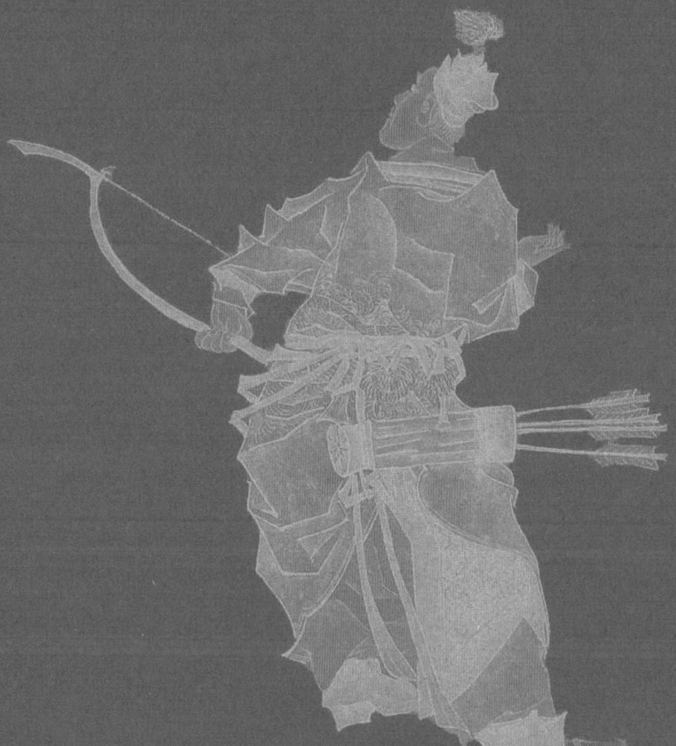

고사성어가 열리는

천자문 나무

팬더 컬렉션 / 엮음

圖書出版 明文堂

머리말

요즈음 우리나라에서는 2천여 년 동안 사용해왔던 한자가 반세기도 채 안 되는 기간에 완전히 외국어가 되어버린 듯한 생각이 든다. 한글 전용정책과 서구학문에 지나치게 경도되어 한학을 공부하는 학문의 맥이 끊어지다시피 한 것이다.

우리말에서 한자어의 비중이 절대적이므로 한자어의 정확한 뜻을 이해하기 위해 한자를 함께 표기하는 건 중요하다. 표준국어대사전에 실린 표제어 약 51만 개 가운데 한자어는 58.5%로 한글 고유어(25.5%)의 두 배가 넘는 것이 현실이다.

이제 중국은 그 옛날 대국의 명성을 다시 찾아가며 마침내는 미국 다음가는 경제대국으로 부상하고 있다.

지금껏 우리나라에서는 공공연히 영어의 공용화 주장까지 나오는 판에 제2의 우리글이기도 하였던 한자를 병행해서 사용하지 못할 이유가 무엇인가? 중국이 세계 최대 경제대국이 되는 것도 시간문제인 지금에 와서 조금만 더 관심을 기울여 공부하면 2천 년을 사용해 왔던 한자를 더욱 친숙하고 쉽게 이해할 수 있지 않을까?

한글은 세종대왕께서 창제한 세계에서도 가장 훌륭한 우리글임은 누구나 다 알고 있다. 한글과 한자는 상호보완적인 관계라 할 수 있다. 한글은 음을 표기하는 데 탁월한 기능을 가지고 있고, 한자는 뜻을 나타내는 데 뛰어난 기능이 있으므로 한글과 한자를 나란히 씀으로써 낱말에 대해 다시 한 번 생각하게 하는 여지를 남기고, 생각하는 습관을 기르게 한다. 따라서 이 둘을 함께 쓰면 금상첨화(錦上添花)일 것이다.

어느 영문학자는, “영어를 무분별하게 사용함으로써 한글문화가 천박해졌다는 소리는 들어보았으나, 한자를 사용해서 한글의 수준이 낮아졌다는 얘기는 들어보지 못했다.” 고 말하고 있다.

그런데 참으로 놀랍게도 한자 또한 고대 우리 민족이었던 동이족(東夷族)이 만들었다는 주장이 제기되고 있다.

중국의 일부 유명 학자들까지도 한자라는 뜻글자를 창제한 민족이 동이족임을 밝히고 있다. 주역의 괘(卦)를 만든 복희씨가 동이족이고, 최초의 한자라고 일컬어지는 갑골문자 또한 동이족이 세운 은(殷)나라의 문자이기 때문이다. 또한 낱글자 속에 담긴 상수리(象數理)의 이치에 의해 동이족이 한자를 만들었음을 밝혔다.

천자문 대서사시(大敍事詩)

《천자문(千字文)》은 흔히 한문을 처음 배우는 사람을 위한 입문서로 알려져 있지만, 그 내용은 단순한 교습서를 넘어 우주와 자연의 섭리, 인간의 도리와 처세의 교훈 등 삼라만상을 함축하여 망라하고 있다.

《천자문》은 중국 남조(南朝) 양(梁)나라 무제 때의 관료인 주흥사(周興嗣, 470?~521)가 글을 짓고 동진(東晉)의 왕희지(王羲之)의 필적 중에서 해당되는 글자를 모아 만들었다고 하며, 사언고시(四言古詩) 250구(句), 합해서 1,000자가 각각 다른 글자로 되어 있다.

황제의 명으로 주흥사가 이 글을 하룻밤 만에 지은 뒤 머리가 하얗게 셌다는 전설과 함께 「백수문(白首文)」이라는 별칭이 있다.

내용은 「천지현황(天地玄黃)」에서 시작하여 「언재호야(焉哉乎也)」로 끝난다. 당나라 이후 급격히 보급되어 많은 서가(書家)에 의하여 써졌으며, 그 중에서도 습자교본으로 가장 유명한 것은, 왕희지의 7대손 지영(智永)이 진서(眞書 : 楷書)와 초서(草書) 두 체로 쓴 《진초천자문(眞草千字文)》본으로 1109년에 새긴 석각(石刻)이 전하고 있다.

천자문이 한국에 전해진 연대는 확실치 않으나 백제 때 왕인(王仁)이 《논어(論語)》 10권과 함께 이 책 1권을 일본에 전했다는 기록으로 보아 이보다 훨씬 전에 들어온 것으로 추측된다.

우리나라에서 가장 널리 알려진 천자문은 명필 한호(韓濩, 호는 石峯)의 글씨로 1583년 서울에서 간행된 《석봉천자문》이다.

천자문을 배우는 데 있어, 막연히 그냥 외우는 것은 무척 지루할 뿐더러 이해하기도 쉽지 않다. 그래서,

「천자문을 어떻게 하면 재미있고 쉽게 배울 수 있을까?」 하고 생각한 끝에 천자문과 아울러, 교훈 · 경구 · 비유 · 상징어 및 관용구나 속담 등으로 사용되어 일상 언어생활에서의 표현을 풍부하게 해주는 촌철살인의 명언 「고사성어」를 연결해서 공부하면 어떨까 하는 생각에서 《고사성어가 열리는 **천자문 나무**》라는 책을 만들어 보았다.

「천자문 나무」에는 1,000개의 천자문에 가까운 글자 수만큼의 고사성어가 열려 있다. (*글자의 특성상 고사성어가 아닌 단어인 경우도 극히 드물지만 포함되어 있다)

아래 <천자문 나무>는,

「배부르면 고기도 물리고,
배가 고프면 술지게미나 쌀겨도 달갑게 여긴다」

포어팽재 기염조강
飽飫烹宰 飢厭糟糠

이렇게 4언고시로 된 천자문 한 자 한 자마다 고사성어가 연계되어 있음으로 해서 이 나무 전체를 머릿속에 기억하는 방식으로 「천자문」과 「고사성어」를 함께 기억할 수 있는 일석이조의 공부 방법인 것이다.

목차

주 면 석 매 남 순 상 상

106. 晝眠夕寐 藍筍象床 : 낮잠을 자고 밤잠을 잘 때 푸른 대로 엮은 아름다운 대자리와 상아로 장식한 침상에서 잔다 / 92

복 주 복 야 / 고 침 안 면 / 조 변 석 개 / 오 매 불 망 / 청 출 어 람 / 우 후 죽

{卜晝卜夜 / 高枕安眠 / 朝變夕改 / 寤寐不忘 / 靑出於藍 / 雨後竹

순 / 남 순 상 상 / 동 상 이 몽

筍 / 藍筍象床 / 同床異夢}

현 가 주 연 접 배 거 상

107. 絃歌酒讌 接杯擧觴 : 현악기로 노래하며 술로 잔치하고, 술잔을 받고 잔을 든다 / 104

백 아 절 현 / 채 미 지 가 / 구 맹 주 산 / 현 가 주 연 / 응 접 불 가 / 배 중 사 영

{伯牙絶絃 / 采薇之歌 / 狗猛酒酸 / 絃歌酒讌 / 應接不暇 / 杯中蛇影

거 일 반 삼 / 곡 수 유 상

/ 擧一反三 / 曲水流觴}

교 수 돈 족 열 예 차 강

108. 矯手頓足 悅豫且康 : 손을 굽혔다 펴고 발을 굴러 춤을 추니 기쁘고도 즐겁구나 / 118

교 각 살 우 / 일 거 수 일 투 족 / 도 주 의 돈 / 화 사 첨 족 / 근 열 원 래 / 열 예

{矯角殺牛 / 一擧手一投足 / 陶朱猗頓 / 畵蛇添足 / 近悅遠來 / 悅豫

차 강 / 사 차 불 후 / 강 구 연 월

且康 / 死且不朽 / 康衢煙月}

적 후 사 속 제 사 증 상

109. 嫡後嗣續 祭祀蒸嘗 : 맏아들로 대를 잇고, 증제(蒸祭)와 상제(嘗祭)의 제사를 지낸다 / 130

적 후 사 속 / 사 후 약 방 문 / 사 속 지 망 / 구 미 속 초 / 관 혼 상 제 / 무 사 귀

{嫡後嗣續 / 死後藥方文 / 嗣續之望 / 狗尾續貂 / 冠婚喪祭 / 無祀鬼

신 / 운 증 용 변 / 와 신 상 담

神 / 雲蒸龍變 / 臥薪嘗膽}

계 상 재 배 송 구 공 황

110. 稽顙再拜 悚懼恐惶 : 이마를 땅에 대고 두 번 절하니 송구하고 황송한 마음이라 / 138

회 계 지 치 / 계 상 재 배 / 일 일 난 재 신 / 오 두 미 배 요 / 모 골 송 연 / 희 구

{會稽之恥 / 稽顙再拜 / 一日難再晨 / 五斗米拜腰 / 毛骨悚然 / 喜懼

지 심 / 가 공 가 소 / 황 공 무 지

之心 / 可恐可笑 / 惶恐無地}

千字文 나무

101. 具膳飧飯 適口充腸 具膳飧饭 适口充肠

구선손반 적구충장

❶	갈 渴	불 不	음 飮	도 盜	천 泉	수 水	
❷	걸 桀	견 犬	폐 吠	요 堯			
❸	교 狡	토 兎	삼 三	굴 窟			
❹	병 病	입 入	고 膏	황 肓			
❺	빈 牝	계 鷄	지 之	신 晨			
❻	세 歲	월 月	부 不	대 待	인 人		
❼	일 一	장 將	공 功	성 成	만 萬	골 骨	고 枯
❽	조 朝	삼 三	모 暮	사 四			

풀이

101. 具膳飧飯 適口充腸 具膳飧饭 适口充肠

구선손반 적구충장

갖출 **具** 선물 / 반찬 **膳** 저녁밥 飧 밥 **飯** 갈 **適** 입 **口** 찰 **充** 창자 **腸**

「반찬을 갖추어 밥을 먹으니, 내 입에 맞고 내 배를 채우면 족하다(具膳飡飯 適口充腸)」

「具膳」은 훌륭하고 많은, 즉 사치스러운 반찬을 의미한다. 具는 밥과 곁들인 반찬으로, 좋고 나쁜 것과는 관계없이 밥과 같이 놓인 반찬을 의미한다.

「適口充腸」의 적구란 내 입에 맞다는 말로 밥과 반찬이 좋고 나쁜 것과는 관계없이 내 형편에 따라 내 입에 맞추어진 음식을 말한다.

따라서 구비된 반찬과 먹는 밥은 날마다 사용하는 음식의 일상적인 것(모습)이다. 마시고 먹는 것은 내 입에 맞고 내 배를 채우는 것만으로 당연한 것이니 굶지 않아야 할 뿐만 아니라 사치하는 것도 불가하다 하는 것이다.

고대 중국의 지식인들은 가난하지만 깨끗하고 도리를 즐기는 「청빈낙도(清貧樂道)」를 최선의 삶으로 여겼다.

《논어》 학이(學而) 편에,

「군자는 먹는 데 배부른 것을 구하지 않고, 거처하는 데 편안한 것을 구하지 않는다(君子食無求飽 居無求安)」고 하였다.

공자는, 군자는 배불리 먹는 것을 바라지 않고, 편안하게 사는 것을 바라지 않는다고 했다. 또 가난하게 살면서도 즐겁게 여기는 것을 군자다운 삶의 조건으로 꼽았다.

❝101번 「천자문 나무」는 한자와 고사성어의 연계가 불가능하여 부득이 우리가 자주 접하는 고사성어 열매를 가상으로 열게 했다.❞

❶ 渴不飮盜泉水 (갈불음도천수) 渴不飮盜泉水

목마를 **渴** 아니 **不** 마실 **飮** 훔칠 **盜** 샘 **泉** 물 **水**

「목이 말라도 도천(盜泉)의 물은 마시지 않는다」라는 뜻으로, 아무리 곤궁해도 불의(不義)의 재산은 탐내지 않는다는 말이다.

《설원》 설총편에 이런 이야기가 있다.

공 자

공자가 어느 날 승모(勝母)라는 마을에 갔을 때, 마침 날이 저물었으나 그 마을에서는 머물지를 않았다. 또 도천(盜泉)의 옆을 지나쳤을 때 목이 말랐으나 그곳의 샘물을 떠먹지 않았다.

그 까닭은 마을 이름이 「어미를 이긴다(勝母)」는 뜻으로, 이것은 자식으로서의 도에서 벗어난 일이며, 그와 같은 이름의 마을에 머문다는 그 자체가 이미 어머니에 대한 부도덕으로 여겼던 까닭이다. 또 도천이란 천한 이름을 가진 샘물을 마신다는 것은 고결한 마음을 다듬고 있는 선비에게 있어서는 매우 불명예스러운 수치로 여겼던 까닭이라고 말하고 있다.

도천은 산동성 사수현(泗水縣) 동북쪽에 있어 예부터 이러한 고사로 인해 이름이 알려져 있어 도천이라는 용어는 수치스러운 행위의 비유로도 쓰인다. 《문선(文選)》에 있는 육사형(陸士衡)의 「맹호행(猛虎行)」이란 시를 소개해 보기로 하자.

목이 말라도 도천의 물을 마시지 않고
더워도 악목의 그늘에 쉬지 않는다.
악목인들 나뭇가지가 없겠는가.
선비의 뜻을 품고 고심이 많도다.

渴不飮盜泉水 熱不息惡木陰 갈불음도천수 열불식악목음
惡木豈無枝 志士多苦心 악목개무지 지사다고심

육기 묘

아무리 목이 말라도 도천의 물은 마시지 않고, 아무리 더워도 악목의 그늘에서는 쉬지 않는다는 것은 올바른 정신을 관철하기 위해서인 것이다.

육사형의 이름은 기(機), 사형은 자다. 할아버지인 육손은 삼국의 오(吳)나라 손권에게 벼슬하여 용명을 떨쳤으며, 아버지 육항도 오의 명신이었다. 유학을 깊이 준봉하여 시문에도 뛰어나 오의 흥망을 논한 《변망론(辯亡論)》이나 《육평원집(陸平原集)》이 있다.

나중에 진(晋)에 벼슬하고자 아우인 육운과 낙양에 있었을 때 사람들로 하여금 「오를 정벌한 덕택에 이준(二俊)을 얻었다」는 칭송을 받기도 했다. 대장군 하북대도독이 되었으나 모함에 빠져 「화정(華亭)의 학려(鶴唳) 어찌 듣겠는가」하는 말을 남기고 죽었다.

「화정학려(華亭鶴唳)」는 화정에서 들은 학의 울음소리라는 뜻으로, 옛일을 그리워하거나, 벼슬길에 올랐으나 좌절하여 후회하는 심정을 나타낸다. 화정은 강소성 송강현의 서쪽 평원촌에 있고 할아버지 육손이 화정후에 책봉된 후부터 대대로 지내던 곳으로 감회 깊은 심정에 넘칠 것이다. 아우 육운도 이어 죽음을 당했다.

❷ 桀犬吠堯 (걸견폐요)

桀犭吠尧　임금 **桀** 개 **犬** 짖을 **吠** 임금 **堯**

한 신

개는 선악을 불문하고 저마다 그 주인에게만 충성을 한다.

「걸(桀)의 개가 요(堯)임금을 보고도 짖는다」즉 「걸견폐요」란 말은 후세에 와서 바뀌게 된 것으로, 《사기》 열전(列傳)에는 도척의 개가 요임금을 보고 짖는다(跖之狗吠堯)로 되어 있다. 결국 개는 주인만을 알고 그 이외의 사람에게는 사정을 두지 않는다는 뜻이다.

《사기》 회음후열전(淮陰侯列傳)

에 있는 이야기다. 책사 괴통(蒯通)이 한신에게 권유했다.

「지금 항우는 남쪽을 차지하고 유방은 서쪽을 차지하고 있습니다. 지금 동쪽인 제나라를 차지하고 있는 대왕이 어느 쪽에 가담하느냐에 따라 천하대세가 좌우됩니다. 한왕이 대왕을 제나라 왕으로 봉한 것은 남쪽으로 초나라 항우를 치기 위한 부득이한 조처로 실은 대왕을 속으로 몹시 꺼리고 있습니다. 항우가 망하게 되는 날 대왕의 신변은 위태롭게 됩니다. 지금 항우가 바라고 있듯이 이 기회에 천하를 셋으로 나누어 동쪽을 대왕이 차지하고 대세를 관망하는 것이 가장 현명한 길입니다」

괴 통

한신은 며칠을 두고 고민하던 끝에 결국은 괴통의 꾀를 받아들이지 못하고 말았다. 천하가 통일되자 유방은 괴통의 말대로 한신을 없애려는 생각으로 꽉 차 있었다. 초나라 왕으로 봉해졌던 한신은 역적의 누명을 쓰고 장안으로 잡혀오게 되었고, 이렇다 할 증거를 잡을 수 없자, 그를 초왕에서 회음후로 작을 깎았다.

그 뒤 정말 역적으로 몰려 여후(呂后)의 손에 죽게 되자 한신은, 「나는 괴통의 꾀를 듣지 않고 아녀자에게 속은 것을 후회한다. 어찌 운명이 아니었는가」 하는 말을 남겼다.

한신의 말을 전해들은 한고조 유방은 곧 괴통을 잡아들이게 했다.

「네가 회음후에게 반역하라고 시킨 일이 있느냐?」

고조의 물음에 괴통은 태연히 대답했다.

한고조 유방

「그렇습니다. 신이 반역하라고 일러 주었습니다. 그 철부지가 신의 꾀를 쓰지 않았기 때문에 스스로 몸을 망치고 만 것입니다. 만일 그 철부지가 신의 계책을 썼던들 폐하께서 어떻게 그를 죽일 수 있었겠습니까?」

화가 치민 고조는 괴통을 기름 가마에 넣으라고 명령했다.

「슬프고 원통하다! 내가 삶겨 죽다니!」

괴통은 하늘이 원망스럽다는 듯이 부르짖었다.

「네가 한신을 반하라 시켰다면서 뭐가 원통하단 말이냐?」

「진(秦)나라가 그 사슴(鹿 : 정권)을 잃은지라 온 천하가 다 함께 이를 쫓았습니다. 그 결과 솜씨가 뛰어나고 발이 빠른 사람이 먼저 얻게 된 것입니다. 도척 같은 도둑놈의 개도 요임금을 보면 짖습니다(跖之狗吠堯). 요임금이 어질지 않아서가 아니라, 개는 원래 그 주인이 아니면 짖기 때문입니다. 당시 신은 다만 한신을 알고 있을 뿐, 폐하는 알지 못했습니다. 또 천하에는 폐하가 한 것과 같은 일을 하고 싶어 하는 사람이 많지만, 힘이 모자라 못할 뿐입니다. 그들을 또 다 잡아 삶을 작정이십니까?」

화가 머리끝까지 치밀었던 고조도 괴통의 말이 과연 옳다 싶어 놓아 주었다.

❸ 狡兎三窟 (교토삼굴)

狡免叁窟　교활할 **狡** 토끼 **兎** 석 三 구멍 **窟**

영악한 토끼가 굴을 세 개나 파놓았기 때문에 위기를 면할 수 있었다는 뜻으로, 교묘한 지혜로 위기를 피하거나 재난이 발생하기 전에 미리 준비를 해야 한다는 말이다.

《사기》 맹상군(孟嘗君)열전에 있는 이야기다.

맹상군

제(齊)나라의 재상 맹상군의 식객으로 풍환(馮驩)이라는 사람이 있었다. 맹상군은 왕족인 정곽군(靖郭君) 전영(田嬰)의 아들로 이름은 전문(田文)이고, 상군은 그의 호이다.

풍환은 본디 떠돌아다니는 거지였는데 맹상군이 식객을 후대한다는 말에 짚신을 끌고 먼 길을 찾아왔던 것이다. 맹상군은 꼴에 장검(長劍)을 허리에 찬 그의 몰골이 하도 우스워 별 재주는 없어 보였지만 받아주었다.

그러나 그는 괴짜였다. 맹상군은 그를 3등 숙소에 배치했는데 고기반찬이 없다고 늘 투덜댔다. 그래서 2등 숙소로 옮겨 주었는데 이번에는 마차가 없다고 불평을 하는 것이 아닌가. 마지막으로 1등 숙소로 옮겨주자 처자도 없고 그럴 듯한 집이 없다며 투덜댔다.

맹상군 영지 설(薛)의 관문

당시 맹상군은 설(薛 : 현 山東省 동남지방)에 1만 호의 식읍을 가지고 있었다. 3천 명의 식객을 부양하기 위해 식읍 주민들에게 돈놀이를 하고 있었는데 도무지 갚을 생각을 하지 않았다. 누구를 보내 독촉할까 궁리하고 있는데 1년간 무위도식(無爲徒食)으로 일관했던 풍환이 자청했으므로 그를 보내기로 했다. 출발할 때 그는 물었다.

「빚을 받고 나면 무엇을 사올까요?」

맹상군이 말했다.

「무엇이든 좋소. 여기에 부족한 것을 부탁하오」

풍환은 설로 가서 맹상군의 돈을 빌린 사람들을 불러 이자 10만 전을 받았다. 풍환은 그 돈으로 술을 많이 빚고 살찐 소를 사놓은 다음, 채무자가 모두 모이도록 해놓고 이렇게 공고했다.

「이자를 낼 사람은 모두 오시오. 이자를 낼 수 없는 사람도 오시오」

모인 사람은 모두 차용증서를 손에 들고 일일이 꾸어 준 쪽의 문서와 대조해 보고 모두 다시 회합할 날을 정했다. 그 날은 소를 잡고 술을 걸러서 주연을 베풀었다.

술자리가 한창 벌어졌을 때, 증서를 내어 앞서와 마찬가지로 맞추어 보고 이자를 낼 만한 사람과는 서로 의논하여 원리금 반제할 기한을 정하고, 가난해서 이자를 낼 수 없는 사람에게는 그 차용증서를 불태워 버린 다음 이렇게 말했다.

「맹상군이 자기 영토의 백성들에게 돈을 꾸어 주었던 것은 자금이 없는 사람에게 자금을 주어 본업(本業)을 경영하도록 하기 위함이었소. 또 이자를 받는 것은 빈객을 대접할 자금이 모자랐기 때문이오. 이제 여러분이 본 바와 같이 부유한 사람에게는 반제할 기한을 약속 받았고, 가난한 사람의 증서는 불태워 버렸소. 여러분, 실컷 마시고 먹도록 하시오. 이런 군주가 있는데 어찌 그 뜻을 저버릴 수 있겠소!」

앉아 있던 사람들이 모두 일어나서 재배(再拜)했다.

설에서 돌아온 풍환에게 맹상군이 물었다.

「선생은 무엇을 사오셨소?」

풍환이 말했다.

「당신에게 지금 부족한 것은 은혜와 의리입니다. 차용증서를 불살라 당신을 위해 돈 주고 사기 힘든 은혜와 의리를 사가지고 왔습니다(此時馮驩曰 君之不足則恩義也 以燒借書爲君賣恩義來)」

이 말을 들은 맹상군은 매우 마땅찮은 기색이었다.

1년 후, 맹상군이 제나라의 새로 즉위한 민왕(泯王)에게 미움을 사서 재상 직에서 물러나자, 3천 명의 식객들은 모두 뿔뿔이 떠나버렸다. 풍환은 그에게 잠시 설에 가서 살라고 권유했다. 맹상군이 실의에 찬 몸을 이끌고 설에 나타나자 주민들이 환호하며 맞이했다. 맹상군이 풍환에게 말했다.

「선생이 전에 은혜와 의리를 샀다고 한 말뜻을 이제야 겨우 깨달았소」

풍환이 말했다.

「교활한 토끼는 구멍을 세 개나 뚫지요(狡兎三窟). 지금 공께서는 한 개의 굴을 뚫었을 뿐입니다. 따라서 아직 베개를 높이 베고 근심 없이 잠을 잘(高枕無憂) 수는 없습니다. 공을 위해 나머지 두 개의 굴도 마저 뚫어드리지요.」

그래서 그는 위(魏)나라의 혜왕(惠王)을 설득하여 맹상군을 등용하면 부국강병(富國强兵)을 실현할 것이며, 동시에 제나라를 견제하는 힘도 될 수 있다고 역설했다. 마음이 동한 위의 혜왕이 금은보화를 준비하여 세 번이나 맹상군을 불렀지만, 그 때마다 풍환은 맹상군에게 응하지 말 것을 은밀히 권했다.

이 사실은 제나라의 민왕에게 알려지게 되었고, 아차 싶었던 민왕은 그제야 맹상군의 진가를 알아차리고 맹상군에게 사신을 보내 자신의 잘못을 사과하고 다시 재상의 직위를 복직시켜 주었다. 두 번째의 굴이 완성된 셈이다.

두 번째의 굴을 파는 데 성공한 풍환은 세 번째 굴을 파기 위해 제 민왕을 설득, 설 땅에 제나라 선대의 종묘를 세우게 만들어 선왕(先王) 때부터 전승되어 온 제기(祭器)를 종묘에 바치도록 했다. 선대의 종묘가 맹상군의 영지에 있는 한 설혹 제왕의 마음이 변심한다 해도 맹상군을 함부로 대하지 못할 것이라는 계산에서였다.

「이것으로 세 개의 굴이 완성되었습니다. 이제부터 주인님은 고침안면 하십시오」

이리하여 맹상군은 재상에 재임한 수십 년 동안 별다른 화를 입지 않았는데, 이것은 모두 풍환이 맹상군을 위해 세 가지 보금자리를 마련한 덕이다. 이 고사는 불안한 미래를 위해 미리 준비를 해야 한다는 말로, 만반의 준비 뒤에는 뜻하지 않는 위기는 닥치지 않는다는 말이다.

❹ 病入膏肓 (병입고황)

病入膏肓　병 **病** 들 **入** 명치끝 **膏** 명치끝 **肓**

질병이 깊어 더 이상 치료할 수 없게 됨.

「병입고황」은 병이 이미 고황(膏肓)에까지 미쳤다는 말이다. 고(膏)는 가슴 밑의 작은 비게, 황(肓)은 가슴 위의 얇은 막으로서 병이 그 속에 들어가면 낫기 어렵다는 부분이다. 결국 병이 깊어 치유할 수 없는 상태를 비유하여 이르는 말이다. 그런데 나중에는 넓은 의미에서 나쁜 사상이나 습관 또는 작풍(作風)이 몸에 배어 도저히 고칠 수 없는 것을 비유하는 말로도 쓰이고 있다.

《춘추좌씨전》 성공(成公) 10년에 있는 이야기다.

진 경공

춘추시대 때 진경공(晋景公)이 하루는 자다가 꿈을 꾸었는데, 머리를 풀어헤친 귀신이 달려들었다.

「네가 내 자손을 모두 죽였으니, 나도 너를 죽여 버리겠다」

경공은 소스라치게 놀라 허둥지둥 도망을 쳤으나 귀신은 계속 쫓아왔다. 이 방 저 방으로 쫓겨 다니던 경공은 마침내 귀신에게 붙들리고 말았다. 귀신은 경공에게 달려들어 목을 조르기 시작했다. 비명을 지르고 식은땀을 흘리며 잠자리에서 일어난 경공은 곰곰이 생각해 보았다. 10여 년 전 도안고(屠岸賈)라는 자의 무고(誣告)로 몰살당한 조씨 일족의 일이 머리에 떠올랐다. 경공은

명의 고완

무당을 불러 해몽을 해보라고 했다.

「폐하께서는 올봄 햇보리로 지은 밥을 드시지 못할 것이옵니다」

「내가 죽는다는 말인가?」

낙심한 경공은 그만 병이 나고 말았다. 그래서 사방에 수소문하여 명의를 찾았는데, 진(秦)나라의 고완(高緩)이란 의원이 용하다는 것을 알게 되었다. 그래서 급히 사람을 파견해서 명의를 초빙해 오게 하였다. 한편 병상에 누워 있는 진경공은 또 꿈을 꾸었다. 이번에는 귀신이 아닌 두 아이를 만났는데, 그 중 한 아이가 말했다.

「고완은 유능한 의원이야. 이제 우리는 어디로 달아나야 하지?」

그러자 다른 한 아이가 대답했다.

「걱정할 것 없어. 명치 끝 아래 숨어 있자. 그러면 고완인들 우릴 어쩌지 못할 거야」

경공이 꿈에서 깨어나 곰곰 생각해 보니 그 두 아이가 자기 몸속의 병마일 거라고 생각했다. 명의 고완이 도착해서 경공을 진찰했다. 경공은 의원에게 꿈 이야기를 했다. 진맥을 마친 고완은 놀랍다는 듯이 말했다.

「병이 이미 고황에 들었습니다. 약으로는 치료할 수 없겠습니다」

마침내 경공은 체념하고 말았다. 후하게 사례를 하고 고완을 돌려보낸 다음 경공은 혼자서 가만히 생각했다.

「내 운명이 그렇다면 어쩔 도리가 없는 일이 아니겠는가. 의연하게 죽음을 맞이하리라」

마음을 다잡고 나니 마음은 한결 가벼워졌다. 죽음에 대해서 초연해지니 병도 차츰 낫는 것 같았다. 그리하여 마침내 햇보리를 거둘 무렵이 되었는데 전과 다름없이 건강했다. 햇보리를 수확했을 때 경공은 그것으로 밥을 짓게 하고는 그 무당을 잡아들여 물고를 내도록 명령했다.

「네 이놈, 공연한 헛소리로 짐을 우롱하다니! 햇보리 밥을 먹지 못한다고? 이놈을 당장 끌어내다 물고를 내거라!」

경공은 무당이 죽으며 지르는 단말마의 비명소리를 들으며 수저를 들었다. 바로 그 순간 경공은 갑자기 배를 잡고 뒹굴기 시작하더니 그대로 쓰러져 죽고 말았다. 결국 햇보리 밥은 먹어 보지도 못한 것이다.

❺ 牝鷄之晨(빈계지신) 牝鷄之晨 암컷 **牝** 닭 **鷄** 의 **之** 새벽 **晨**

여자가 분별없이 설쳐댐.

「빈계지신」은 글자 그대로 해석하면 암탉의 새벽이라는 뜻이다. 곧 암탉의 새벽 울음이라는 말이다. 이는 「암탉이 울면 집안이 망한다」는 말에서 온 것으로, 여자가 설쳐대는 것을 비유한 말이다.

이 오랜 속설은 《서경(書經)》 목서편(牧誓篇)에, 「암탉은 새벽에 울지 않기 때문에, 암탉이 새벽에 울면 집안이 망한다」는 데서 나온 말이다.

달 기

주(周)의 무왕(武王)이 은(殷)의 무도한 주(紂)왕을 치기 위해 목야(牧野)에서 군사를 모아 놓고 맹세한 데서 나온 말이다. 주나라의 서백(西伯 : 文王)이 죽자 그의 아들 발(發 : 武王)이 대를 이었다. 이때 은나라의 주왕은 달기(妲己)에게 정신이 나가 주색으로 세월을 보내거나 그의 환심을 사기 위해 호화로운 궁궐을 지어 백성들의 원망이 하늘을 찔렀다. 무왕은 주왕의 폭정이 날이 갈수록 더해지자 제후들의 강력한 요청과 은나라의 백성들을 구제한다는 명분을 들어 주왕을 토벌할 결심을 했다.

당태종 황후 장손씨

무왕은 병사 3천을 이끌고 은나라의 목야(牧野) 지역까지 진출하였다. 이곳에서 그는 병사들에게 주왕의 죄상을 알리는 가운데 이렇게 말했다.

「옛 사람이 말하기를 암탉은 새벽에 울지 않는다. 암탉이 울면 집안이 망하는 법이다(古人有言曰 牝鷄無晨 牝鷄之晨 惟家之索). 지금 주왕은 여인의 색향에 빠져 백성을 학대하고 나라를 어지럽혔다」

신하인 주 무왕이 천자인 주왕을 정벌하기 위한 명백한 대의명분을 말한 것이다. 암탉은 주왕 곁에서 잔인하고 요사스러운 짓을 저지른 주의 비(妃) 달기(妲己)를 지칭하는 것이다. 여자가 지나치게 설쳐대는 바람에 나라꼴을 망쳐 놓은 적이 종종 있었기 때문에 이런 말이 나오게 된 것이다.

이 「빈계지신」의 모범적인 경계의 예가 당태종의 황후 장손씨(張孫

氏)다. 그녀는 목소리를 낮추고 훌륭하게 내조한 비로 꼽힌다. 태종도 그녀의 인품과 지혜를 잘 알고 있어 신하들의 상벌문제가 생기면 그녀의 의견을 묻곤 했는데, 그때마다 그녀는 「암탉이 울면 집안이 망한다고 합니다. 아녀자인 제가 정치에 참견할 수는 없는 일입니다」 라고 하며 입을 다물었다고 한다.

또 태종이 그녀의 오빠 장손무기(張孫無忌)를 재상에 임명하려 하자 그녀는 외척의 전횡을 우려해 극력 반대했다고 한다. 그녀가 서른여섯의 이른 나이로 죽었을 때 태종은 「안으로 훌륭한 보좌관 하나를 잃었구나」 하고 통곡했다고 한다.

❻ 歲月不待人 (세월부대인)

岁月不待人

해 **歲** 달 **月** 아니 **不** 기다릴 **待** 사람 **人**

세월은 사람을 기다려 주지 않는다는 뜻으로, 세월은 한 번 지나가면 다시 돌아오지 않으니 시간을 소중하게 아껴 쓰라는 뜻.

도연명

도연명(陶淵明)은 동진(東晋) 말기부터 남조(南朝)의 송대(宋代) 초기에 걸친 중국의 대표적 시인이다. 기교를 부리지 않고, 평담(平淡)한 시풍이었기 때문에 당시의 사람들로부터는 경시를 받았지만, 당대 이후는 육조(六朝) 최고의 시인으로서 그 이름이 높았다.

그의 시풍은 당대(唐代)의 맹호연(孟浩然), 왕유(王維) 등 많은 시인들에게 영향을 주었다. 「세월부대인」은 그의 시 「잡시(雜詩)」에 나오는 말이며, 시의 내용은 다음과 같다.

도연명 취귀도(醉歸圖, 淸 장사보)

인생은 뿌리도 꼭지도 없어
길 위에 흩날리는 먼지와 같네
바람 따라 이리저리 뒤집히나니
이에 인생의 무상함을 알겠네
세상에 나와 형아우 하는 것이
어찌 반드시 골육만이 육친인가
기쁜 일은 마땅히 서로 즐기고
말술 이웃과 함께 모여 마셔라
젊은 시절은 거듭 오지 않으며 盛年不重來
하루에 아침 두 번 맞지 못한다 一日難再晨
때를 놓치지 말고 마땅히 힘쓸 일 及時當勉勵
세월은 사람을 기다려 주지 않는다 歲月不待人

인생을 살면서 젊은 날이 계속될 것 같지만 어느덧 중년의 나이에 접어들게 되고, 그 뒤엔 시간의 속도는 더욱 빨라져 어느덧 인생의 황혼기를 맞이하게 된다. 그러니 내일이 있다고 미루지 말고 지금 이 순간이야말로 내 인생에 가장 아름다운 시간이라고 생각하고 최선을 다해 그 시간을 사용하는 것이 현명한 군자의 모습이다.

도연명의 가문은 그리 대단치는 않았으나 사족(士族)에 들어갔다. 그의 학식이 보수적인 문인 층에 속하였으므로 신흥세력과 어울리지 못하여 전원생활과 음주의 낙을 즐겨 읊었다. 손수 농사도 지었으므로 인간미가 흘렀고, 백성들의 생활 자체를 노래한 문학이었다. 때로는 인간의 내면을 그린 철학적인 시도 적지 않다. 청결한 일생으로 「정절선생(靖節先生)」이라는 시호가 내려졌다.

도연명 취주도(醉酒圖, 미상)

「세월부대인」은 언제 지나갔는지도 모르게 빨리 흘러가는 것이 인생이니 매사에 부지런히 힘써야 한다는 것을 일깨워 주는 성어이다. 위의 「잡시」에는 세월부대인 이외에 일일난재신(一日難再晨), 「성년부중래(盛年不重來)」 등의 성어가 유래한다.

⑦ 一將功成萬骨枯 (일장공성만골고) 一将功成万骨枯

한 一 장수 **將** 공 **功** 이룰 **成** 일만 **萬** 뼈 **骨** 마를 **枯**

한 장수가 공을 세우면 만 명의 군사가 뼈를 들판에 버리게 된다는 것이 「일장공성만골고」다. 다음은 《삼체시(三體詩)》 안에 수록되어 있는 조송(曹松)의 칠언절구 「기해세(己亥歲)」의 마지막 글귀다.

못의 나라 강과 산이 싸움의 판도에 들었으니
산 백성이 어찌 나무를 하고 풀 뜯는 것을 즐길 생각을 하리오.
그대에게 부탁하노니 후를 봉하는 일을 말하지 말라
한 장수가 공이 이뤄지면 만 명의 뼈가 마른다.

澤國江山入戰圖　生民何計樂樵蘇　택국강산입전도 생민하계낙초소
憑君莫話封侯事　一將功成萬骨枯　빙군막화봉후사 일장공성만골고

황소 조상(彫像)

이 시는 황소의 난이 한창이던 당희종 건부(乾符) 6년(879년)에 해당한 기해년에 지은 것으로 보인다. 황소는 마침내 양자강을 건너 북상했다가 정부군에 크게 패해 강동(江東)으로 달아나게 되었다. 이때 정부군이 만일 계속해서 추격만 했으면 난은 완전히 평정될 수 있었다. 그러나 이 때 정부군을 지휘하던 장군은,

「국가는 일단 위급한 때에는 장병들을 사랑하고 상주기를 아끼지 않지만, 일단 태평한 세월이 오면 장병들은 헌신짝처럼 버림을 당하고 심하면 없는 죄까지 받게 된다. 그러므로 전쟁이 끝나지 않도록 적을 살려두어야만 한다」 하고 황소의 군사를 완전 섬멸하는 것을 고의로 회피하고 있었다. 이때가 바로 기해년이다.

조송의 시는 어쩌면 이 장군의 그런 이기적인 태도에 분개해서 지은

것일지는 모른다. 그러나 보통 알고 있는 이 글귀의 뜻은 무수한 생명의 숨은 희생 위에 한 사람의 영웅이 탄생하게 되는 전쟁의 잔학성과 모순성을 말한 것이다.

못의 나라(澤國)는 비습한 땅이란 뜻으로 황소가 달아난 양자강 하류 지방을 말한 것이리라. 싸움의 판도(戰圖)는 전쟁 지역을 말한다. 나무하고 풀 뜯는 것을 즐길 생각을 하지 못한다는 것은 생업에 종사할 수 없는 전쟁의 시달림을 말한 것이다. 후(侯)를 봉하는 일은 곧 공을 세우는 일을 말한다. 그 결과 황소는 다시 세력을 회복하여 이듬해에는 수도 장안을 함락시키고 황제라 일컫게 된다.

다시 3년 뒤에는 정부군에 패해 동쪽으로 달아났다가 그 이듬해 패해 죽는다. 당나라도 이 난으로 20년쯤 지나 망한다. 이 시 말고도 전쟁터를 지나가다가 읊은 고시(古詩)에,

바라건대 그대는 영웅의 일을 묻지 말라.
한 장수가 공이 이뤄지면 만 명이 죽는다

願君莫問莫雄事 一將功成萬名亡 원군막문막웅사 일장공성만명망

라고 한 글귀가 있었다.

❽ 朝三暮四 (조삼모사)

朝參暮四　　아침 **朝** 석 三 저녁 **暮** 넉 **四**

눈앞에 당장 나타나는 차별만을 알고 그 결과가 같음을 모름. 간사한 꾀로 사람을 속여 희롱함.

송나라에 저공(狙公)이라는 사람이 있었다. 저(狙)는 원숭이란 말이

열 자

다. 그 이름대로 원숭이를 좋아해서 많은 원숭이를 사육하고 있었다. 그러다 보니 원숭이 사료에 들어가는 비용이 만만치 않았다. 그래서 저공은 원숭이에게 주는 먹이를 줄이기로 했다. 그래서 저공이 원숭이들에게 말했다.

「지금부터는 먹이를 아침에는 세 개, 저녁에는 네 개로 한다」

그러자 원숭이들은,

「그러면 배가 고프다」 라고 하면서 화를 냈다.

저공이 다시 말했다.

「그러면 아침에는 네 개, 저녁에는 세 개로 하면 어떻겠나?」

그러자 원숭이들은 좋아했다. 이 우화는 《열자》 황제(黃帝)에 있는 말이다. 《장자》의 제물론에도 나와 있다. 그러나 비유한 의미는 다소 다르다.

《열자》의 경우는,

「『조삼모사』나 『조사모삼』이 실질적으로는 같으면서 원숭이들은 조삼을 싫어하고 조사를 좋아하였다. 지자(知者)가 우자(愚者)를 농락하고 성인이 중인(衆人)을 농락하는 것도 저공이 지혜로써 원숭이들을 농락한 것과 같다」 라고 맺고 있다.

《장자》의 경우는 농락당하는 자들의 입장에서,

「공을 들여 같은 하나를 이루고도 그것이 같다는 것을 모르는 것을 조삼이라고 한다」라고 말하고, 그 뒤에 이 「조삼모사」의 고사를 들어 시비선악(是非善惡)에 집착하는 자가, 달관(達觀)을 하면 하나라는 것을 모르고, 쓸데없는 편견을 갖게 된다는 비유로 삼고 있다. 그러나 현재 쓰이고 있는 「조삼모사」는 저공이 원숭이를 농락했다는 데서부터 「사람을 농락하여 그 수작 속에 빠뜨리는 것」이라든가, 「사술로써 사람을 속이는 것」이라든가 하는 의미로 쓰이고 있다.

장 자

102. 飽飫烹宰 飢厭糟糠 (포어팽재 기염조강) 饱饫烹宰 飢厌糟糠

❶ 暖衣飽食 (난의포식)

❷ 飽飫烹宰 (포어팽재)

❸ 兎死狗烹 (토사구팽)

❹ 伴食宰相 (반식재상)

❺ 己飢己溺 (기기기닉)

❻ 兵不厭詐 (병불염사)

❼ 糟糠之妻 (조강지처)

❽ 糟糠不飽 (조강불포)

풀 이

난 의 포 식

❶ 暖衣飽食 暖衣饱食 따뜻할 煖 옷 衣 배부를 飽 먹을 食

옷을 따뜻이 입고 음식을 배부르게 먹는다는 뜻으로, 의식(衣食) 걱정이 없는 편한 생활을 이르는 말.

《맹자》 등문공편에 있는 이야기이다.

맹자가 60세가 지나 등(滕)나라 문공(文公)에게 초대되어 갔을 때, 주(周)나라처럼 정전법(井田法)을 실시하여 등나라를 이상적인 사회로 만들도록 설득하였다.

맹 자

이때 묵자(墨子)의 영향을 받은 중농주의(重農主義)자인 허행(許行)이 송(宋)나라로부터 등나라에 와서, 문공으로부터 살 집과 전토(田土)를 받고 스스로 짠 거친 옷을 입고 스스로 경작하여 지은 양식을 먹고 사는 자급자족주의의 생활을 실천하고 있었다.

유교의 생활방식을 버리고 허행과 같이 묵자주의 생활을 시작한 진상(陳相)이라는 사람이 맹자에게 물었다.

「등나라 임금도 백성들과 마찬가지로 손수 농사를 지어서 먹어야 하지 않겠습니까?」

맹자는 허행이 사용하는 농기구와 질그릇이 자기가 지은 농산물과

후직의 전설

물물 교환한 것이라는 사실을 확인한 다음, 인간의 생활이란 분업을 하는 것이지 원시적 자급자족이란 불가능하다는 것을 말하고, 허행 자신도 농기구나 그릇 등을 물물교환하여 쓰고 있지 않느냐고 깨우쳐 주면서, 우(禹)임금 같은 분은 8년 동안 아홉 개의 큰 강을 막아 다스리느라고 세 차례나 자기의 집 문 앞을 지나면서도 못 들어갔다(過門不入)는 것을 예로 들었다. 그리하여 후직(后稷 : 순임금 때 농사일을 관장하던 관직)을 시켜 백성들에게 농사짓는 일을 가르치게 하였다. 이리하여 오곡이 익어 백성들이 잘 살게 되었다.

「사람에게 도(道)가 있으니 배불리 먹고 따뜻하게 입고 편안하게 살지라도 가르침이 없으면 금수에 가까워지게 된다(人之有道也 飽食煖衣 逸居 而無敎 則近於禽獸). 성인이 이것을 근심하여 설(契)로 하여금 사도(司徒)로 삼아 인륜으로써 가르치게 하니(聖人有憂之 使契爲司徒 敎以人倫), 부자 사이에는 친함이 있고, 군신 사이에는 의가 있고, 부부 사이에는 구별이 있고, 연장자와 연소자 사이에는 차례가 있고, 벗 사이에는 믿음이 있다(父子有親 君臣有義 夫婦有別 長幼有序 朋友有信)」

❷ 飽飫烹宰 (포어팽재)

饱饫烹宰 배부를 **飽** 물릴 飫 삶을 **烹** 재상 **宰**

《천자문》에 있는 말이다.

「배부르면 고기도 물리고, 배가 고프면 술지게미나 쌀겨도 달갑게 여긴다(飽飫烹宰 飢厭糟糠)」

배가 부르면(飽) 짐승 고기를 삶은(烹) 요리(宰)도 입에 물리게(飫) 되고, 배가 고프면(飢) 술지게미(糟)나 겨(糠)로 만든 개떡도 만족하며(厭) 먹게 된다는 말이다.

宰는 재상 재, 벼슬아치 재, 주관할 재, 요리사 재 등으로도 쓰이며, 飢는 饑와 같은 글자이다.

밥상이 사방 일장(一丈)이 되고 온갖 산해진미와 진수성찬을 차려놓았다 할지라도 배가 부르면 사치스러운 음식도 싫증이 나는 법이고, 굶주렸을 때는 술지게미와 겨 같은 거친 음식으로도 만족하게 생각한다는 뜻이다.

안 연

「기염조강(飢厭糟糠)」은 《사기》 백이열전에 있는 말을 다시 쓴 것이다.

「공자의 문하에 있던 70제자 가운데 중니(仲尼)는 유독 안연(顏淵)을 가리켜 배움을 즐기는 사람이라고 칭찬을 했다. 그런데 회(回 : 안연의 이름)는 이따금 끼니를 잇지 못할 정도로 궁하여 쌀겨로조차 배를 채우기도 어려워(糟糠不飽) 일찍 죽고 말았다. 하늘이 선인(善人)에게 은혜를 베푼다는 것은 과연 사실일까? 도척(盜跖)은 날마다 무고한 인명을 죽이고 사람의 간(肝)을 회쳐서 먹으며, 포학무도한 수천 명의 도당을 모아서 천하를 횡행했건만, 끝내 아무런 천벌도 받지 않고 천수를 다 누렸다. 이것은 대체 어찌 된 일이란 말인가?」

❸ 兎死狗烹(토사구팽) 兎死狗烹 토끼 **兎** 죽을 **死** 개 **狗** 삶을 **烹**

한고조 유방

필요할 때 요긴하게 쓰던 사람이나 물건이 필요 없어지면 버려짐.

「날랜 토끼가 죽으면 좋은 개가 삶기고, 높이 나는 새가 없어지면 좋은 활이 들어간다(狡兎死 良狗烹 高鳥盡 良弓藏)」는 한신의 말에서 나온 성구다.

「물을 건너면 지팡이를 버린다」는 말이 있다. 필요할 그때만 지나면 고마운 줄을 모르는 사람의 척박한 심정을 단적으로 나타내는 말이다. 같은 뜻으로 중국에서는 옛날부터, 「날랜 토끼가 죽으면 사냥개는 삶긴다」는 말이 전해 오고 있다.

《사기》 회음후열전(淮陰侯列傳)에 있는 이야기다. 회음후는 한신을 말한다.

유방과 항우의 이른바 초한전(楚漢戰)에서, 한고조 유방이 항우를 무찌르고 천하를 차지하는 데 가장 큰 무공을 세운 것은 한신이었다.

이미 항우가 죽고 난 뒤의 한신은 한고조에게는 둘도 없는 무서운 존재였다. 그 무서운 항우를 능히 쳐서 이긴 한신이 한번 딴 마음을 먹게 되면 천하는 다시 유씨의 손에서 다른 사람의 손으로 넘어가게 될 가능성이 크다.

한 신

한신의 공로도 공로지만, 그의 비위를 건드릴 수가 없어 우선 초왕(楚王)이라는 엄청난 자리로 멀리 보내 두었다. 하지만, 언제 반기를 들고 일어날지 잠시도 마음이 놓이지 않는 한고조였다.

그런 판에, 지난 날 항우의 부하로서 한고조를 몹시 괴롭힌 바 있는 종리매(鍾離昧)란 장수가, 옛날 친구인 한신에게 몸을 의탁하고 있었다. 그 소식을 전해들은 고조는 즉시 한신에게 종리매를 체포하라는 명령을 내렸다. 한신은 차마 옛 친구를 배반할 수 없어 명령에 따르지 않았다.

고조의 속마음을 잘 알고 있는 사람들은 이것을 구실로 한신이 반란을 꾀하고 있다는 고변상소를 올렸다. 고조가 이 문제를 놓고 어전회의를 열었을 때, 장군들은 군대를 거느리고 내려가 한신을 잡아오겠다고

했다. 그러나 진평(陳平)은,

진 평

「초나라는 군사가 날랠 뿐만 아니라, 아무도 한신을 당해 낼 수 없습니다. 섣불리 손을 쓰다 자칫 큰일을 저지르게 됩니다. 그보다 폐하께서 운몽(雲夢)으로 행차를 하시어 제후들을 초나라 서쪽 국경인 진(陳)으로 모이도록 명령을 하십시오. 그러면 한신도 자연 그리로 나오게 될 것입니다. 나라를 벗어나 있는 한신을 사로잡기란 별 어려움이 없을 것입니다」

모이라는 명령을 전해 받은 한신은 일이 심상치 않다는 것을 직감했다. 그래서 군대를 일으켜 반란을 꾀해 볼까도 했지만, 죄를 저지른 일이 없으니 고조를 만나보는 것이 좋을 것도 같았다. 이렇게 망설이며 고민하고 있는데, 한 사람이,

「종리매를 체포하지 않은 것 때문이니, 그의 목을 베어 폐하를 뵈오면 반드시 기뻐하실 것입니다」 하고 권했다.

한신이 종리매를 불러 직접 그런 이야기를 꺼내자, 종리매는,

「한나라가 초나라를 습격하지 못하는 것은 내가 그대 밑에 있기 때문이다. 그대가 나를 잡아 한나라의 환심을 사고 싶다면 당장이라도 죽어 주겠다. 그러나 그렇게 되면 그대도 끝장이 나고 말 것이다」

한신이 여전히 망설이자, 종리매는 한신을 꾸짖어,

「그대는 장자(長者 : 덕이 있는 사람)가 아니다」 하고 스스로 목을

쳤다.

한신은 그 목을 가지고 한고조를 배알했다. 고조는 곧 군에 명령을 내려 한신을 포박해 수레에 싣게 했다. 이 때 한신이 말했다.

「과연 사람의 말과 같다. 날랜 토끼가 죽으면 좋은 개가 삶기고, 높이 나는 새가 없어지면 좋은 활이 들어가고(狡兎死 良狗烹 高鳥盡 良弓藏), 적국이 파하면 모신(謀臣)이 죽는다고 했다. 천하가 이미 정해졌으니, 나도 삶기는 것이 원래 당연한 일이다」

여기서는 주구(走狗) 대신 양구(良狗)라고 했다. 달리는 개보다는 좋은 개라는 말이 더 적절한 것 같기도 하다. 「교토사이주구팽(狡兎死而走狗烹)」을 줄여서 「토사구팽」이라고 말한다.

그런데 「과연 사람의 말과 같다」고 한 것은 옛날부터 전해 내려오는 말을 뜻하는 것이다. 훨씬 연대를 거슬러 올라가, 춘추 말기 월(越)나라 범려가 대부 종(鍾)에게 보낸 편지에 이런 말이 있다.

「나는 새가 다하면 좋은 활이 들어가고, 날랜 토끼가 죽으면 달리는 개가 삶긴다(飛鳥盡 良弓藏狡兎死 走狗烹). 월나라 임금의 사람됨이, 목이 길고 입이 까마귀처럼 생겼다(長頸烏喙). 환난은 같이할 수 있어도 즐거움은 같이 할 수가 없다. 그대는 어찌하여 떠나가지 않는가?」

범 려

범려는 월왕 구천(句踐)을 도와 오나라를 멸한 남방의 패자 소리를 듣게 되자, 즉시 사표를 내고 제나라로 가서 살고 있었다. 거기서 그는 대부 종에게 이런 편지를 보낸 것이다. 대부 종은 설마 하고 있다가 결국 월왕 구천에 의해 억울한 죽음을 당하고 말았다.

❹ 伴食宰相 (반식재상) 伴食宰相 의지할 **伴** 먹을 **食** 우두머리 **宰** 서로 **相**

무위도식으로 자리만 차지하고 있는 무능한 대신.

《십팔사략》과 《당서》에 있는 이야기다.

당현종

당나라 현종(玄宗)은 즉위한 이듬해(713년) 연호를 개원(開元)이라고 고치고 태평공주 일파의 음모를 제거하자, 다음 개원 2년에는 백관의 주옥금수(珠玉錦繡)를 궁전 안마당에 쌓아 놓고 불을 질렀으며, 백관에서 궁녀에 이르기까지 각각 그 직분에 걸맞은 의복을 규정하고 사치에 흐르는 것을 경계했다.

국가의 치란흥망(治亂興亡)의 자취를 더듬어 보면, 군주의 사치와 후궁의 문란이 쇠망의 지름길이라는 것을 통감한 현종의 정치에 대한 굳은 결의가 엿보인다. 그 결의로서 현종은 현상(賢相)을 잘 쓰고 나아가서는 그 간언을 들어 정사에 정려했고, 또한 문학과 예술을 장려해서 「개원(開元)의 치(治)」라는 당나라의 최성기를 이루었다.

현종을 도와 「개원의 치(治)」의 기초를 닦은 재상은 요숭(姚崇)이었다. 현종이 주옥금수를 불태워 사치를 훈계한 것도, 또 형벌을 바로잡고 부역과 조세를 감해서 민중의 부담을 가볍게 하는 한편 병농일치(兵農一致)의 개병(皆兵)제도를 고쳐 모병(募兵)제도로 한 것도 다 이 요숭의 건의에 의한 것이었다.

요 숭

요숭은 백성을 위해서 꾀하는 것이 나라를 번영시키는 길이라는 원칙을 일관시키는 데 힘쓰고, 적어도 사사(私事)를 위해서는 감정을 겉으로 나타내는 법이 없었으며, 정치의 재결이 신속 정확한 것에 있어서는 그 어떤 재상도 미치는 자가 없었다고 한다. 그 일례로서 「반식재상」이라는 말이 생겼다.

언젠가 요숭은 일이 생겨 정무를 볼 수가 없어 황문감(黃門監)인 노회신(盧懷愼)이 대신 일을 보게 되었다. 노회신은 청렴결백하고 신변을 꾸미는 일이 없이 정무에 노력하는 사람으로서 요숭의 마음에 드는 국상(國相)이었으나, 요숭의 직무를 대행한 10여 년 동안 아무리 노력을 해도 요숭처럼 재결해 갈 수가 없어 정무를 크게 지체시켰다.

노회신은 자기가 요숭에게 미치지 못함을 피부로 느껴 알고, 그 후부터는 만사에 요숭을 추천하며 사사건건 요숭과 상의하게 되었다. 그 때문에 당시 사람들은 노회신을 상반대신(相伴大臣)이란 뜻으로 「반식재상」이라 불렀다.

이 말은 무능한 대신을 혹평하는 말로서 지금도 쓰이고 있으나, 당시의 사람들 마음으로서는 노회신을 냉소한다기보다 요숭에 대한 경의(敬意)에서 시작한 것이었다.

요숭 다음에는 송경(宋璟), 한휴(韓休) 등 현상(賢相)이 계속하여 「개원의 치」를 발전시켰으나, 현종은 이 치세 후반에 총희인 무혜비(武惠妃)를 잃고 양귀비를 얻음으로써 정무에 권태를 느끼기 시작한다. 직언하는 자를 물리치고 간신들의 감언을 좋아하며 주색에 빠졌는데, 정무를 후궁의 환락으로 바꾸어 나라를 쇠망으로 이끈 종래의 군주와 같은 길을 걸었다.

⑤ 己飢己溺 (기기기닉) 己飢己溺 자기 **己** 주릴 **飢** 빠질 **溺**

사명감이 투철한 정치가의 태도.

「기기기닉(己飢己溺)」은 「내가 굶주리고, 내가 물에 빠진 것이다」라는 말로, 사람들의 고통을 자기의 고통인 양 여기는 정치가의 태도를 비유하는 말이다. 전국시대 유가(儒家)의 대표적인 인물이었던 맹자는 《맹자》 이루 하편에서, 상고시대부터 농사(農師)로 불려온 직(稷)과, 13년 동안 홍수와 싸워 이긴 우(禹)임금을 두고 이렇게 칭송하였다.

「우임금은 자기가 사명을 제대로 완수하지 못했기 때문에 사람들이 물로 인해 고초를 겪고 있다고 생각했고, 직은 자기가 일을 잘하지 못했기 때문에 사람들이 굶주리고 있다고 생각했는데, 이와 같이 그들은 사람들의 곤경에 대해 책임을 다하지 못했다고 생각했기 때문에 스스로 그렇게 조급해 할 수 있었다(禹思天下有溺者 由己溺之也 稷思天下

有飢者 由己飢之也 是以如是其急也)」

이러한 정신을 기려서 옛사람들은, 「남이 물에 빠진 것을 내가 빠진 듯이 여기고, 남이 굶주리는 것을 내가 굶주리는 듯이 여긴다(人溺己溺 人飢己飢)」는 말을 「기기기닉」이라고 하였는데, 무슨 일을 하든지 사명감이 투철한 것을 비유하는 말이다.

❻ 兵不厭詐 (병불염사)

兵不厌诈 군사 **兵** 아닐 **不** 싫어할 **厭** 거짓 **詐**

전쟁에서는 적을 속이는 것도 꺼리지 않는다.

《한비자》에 있는 이야기다.

진(晉)나라 문공(文公)이 초(楚)나라와 전쟁을 하고자 구범(舅犯)에게 견해를 물었다.

「초나라는 수가 많고 우리는 적으니, 이 일을 성취하려면 어찌해야 되겠는가?」

진 문공의 물음에 구범은 이렇게 대답한다.

「제가 듣건대, 군자는 번다한 예의를 지키는 데 충성과 신의를 다하지만, 전쟁에 임해서는 속임수를 꺼리지 않는다고 합니다(戰陣之間 不厭詐僞). 그러니 주군께서는 적을 속이는 술책을 써야 할 것입니다」

진 문공은 구범의 계책에 따라 초나라의 가장 약한 우익(右翼)을 선택하였다. 우세한 병력을 집중하여 신속하게 그곳을 공격함과 동시에 주력부대는 후퇴하는 것으로 위장하여 초나라 군대의 좌익(左翼)을 유인해냈다. 진 문공은 곧 좌우에서 협공하여 초나라 군대를 쳐부술 수 있었다.

또한 《후한서(後漢書)》에도 이런 이야기가 있다.

진문공

후한 안제(安帝) 때 서북 변방에 사는 티베트 계통의 강족(羌族)이 기습하였다. 안제는 무도(武都)의 태수 우후에게 강족(羌族)을 섬멸하라는 명령을 내렸다. 우후는 군사 수천 명을 이끌고 진격하였는데 이 사실을 안 강족은 물러나지 않고 결전을 치르려고 하였다. 강족보다 병력이 약한 우후는 황제에게 지원군을 요청하였다는 헛소문을 퍼뜨리자 강족은 진짜인 줄 알고 후퇴하였다.

그래서 우후는 강족의 뒤를 추격해 하루에 백리 길을 가는 강행군을 하였으며, 행군하면서 솥의 수를 늘려갔다. 솥의 수를 늘려가는 것을 의아하게 생각한 부하에게 우후는 이렇게 말했다.

「솥의 수를 늘리는 이유는 행군할수록 병력이 늘어나고 있음을 보여주기 위한 것이다. 손빈(孫臏 : 제나라의 병법가)의 병법에는 약하게 보여서 적을 속이지만, 나는 강하게 보여서 적을 속이는 것이다. 병법은 상황에 따라 달리 적용해야 하는 것이다」

또한 강족과 대치하고 있을 때 우후는 강한 활 말고 약한 활을 쏘라고 지시하였다. 이 사실을 안 강족은 우후의 군사를 얕보고 접근해왔다. 우후는 이 기회를 놓치지 않고 즉시 강한 활로 일제히 쏘기 시작하여 강족에게 큰 타격을 입혔다.

변경의 근심을 해결한 우후는 무너진 성채를 수축하고 흩어진 백성들을 불러들여 안정시켰고, 나라로부터 큰 상을 받았다.

일단 상대국과 전쟁을 치러야만 한다면 반드시 승리해야만 한다. 패배하면 모든 것을 잃게 되므로 승리하기 위해서는 수단과 방법을 가리지 않는다. 따라서 「병불염사」는 가장 중요한 전략 가운데 하나이다.

❼ 糟糠之妻(조강지처)

糟糠之妻 지게미 **糟** 겨 **糠** 의 **之** 아내 **妻**

일찍 장가들어 여러 해 같이 살아 온 아내란 뜻으로 쓰인다. 즉 처녀로 시집온 아내면 다 조강지처로 통할 수 있다. 조(糟)는 지게미, 강(糠)은 쌀겨다. 지게미와 쌀겨로 끼니를 이어가며 구차하고 가난한 살림을 해 온 아내가 「조강지처」인 것이다.

후한 광무제

이 말은 후한의 송홍(宋弘)에게서 나온 말이다. 후한 광무황제의 누이인 호양(湖陽)공주가 과부가 되었다. 광무제는 공주를 마땅한 사람에게 다시 시집을 보낼 생각으로 그녀의 의향을 물어 보았다. 그랬더니 그녀는, 「송홍 같은 사람이라면 남편으로 우러러보고 살 수 있겠지만, 그 밖에는 별로……」 하고 송홍이 아니면 시집가지 않을 뜻을 밝혔다.

송홍은 후중하고 정직하기로 당시

조강지처불하당

널리 알려진 사람으로, 광무제가 즉위하던 이듬해인 건무 2년에는 대사공(大司空)이란 대신의 지위에 있었다.

「누님의 의사는 잘 알겠습니다. 그럼 어디 한번 힘써 보지요」 하고 약속을 한 광무는, 송홍이 마침 공무로 편전에 들어오자, 공주를 병풍 뒤에 숨겨두고 송홍과의 대화를 듣게 했다. 이런 저런 이야기 끝에 광무는 송홍에게 별다른 뜻이 없는 것처럼 이렇게 물었다.

「속담에 말하기를 『지위가 높아지면 친구를 바꾸고, 집이 부해지면 아내를 바꾼다』 하는데 그럴 수 있는 일인지?」

그러자 송홍은 서슴지 않고 대답했다.

「신은 『가난하고 천했을 때의 친구는 잊어서는 안 되고, 지게미와 쌀겨를 먹으며 고생한 아내는 집에서 내보내지 않는다』 고 들었습니다」

이 말을 듣자 광무는 조용히 공주를 돌아보며,

「일이 틀린 것 같습니다」 하고 말했다는 것이다.

부마도위가 되면 공주가 정실부인으로 들어앉게 되므로 원 부인은 물러나지 않으면 안 된다. 광무는 자기 누님을 시집보내기 위해 송홍의 의사를 무시하고 그의 본부인을 내치게 할 수는 없었던 것이다.

그러나 그런 훌륭한 사람이 아내를 내치고 자기를 맞아 줄 것으로 기대했다면, 공주의 욕심이 너무 자기 위주였던 것 같다. 광무가 그녀를 병풍 뒤에 숨게 한 것도 그녀의 그런 마음을 달래기 위한 방법이었던 것 같다.

❽ 糟糠不飽(조강불포) 糟糠不饱 술지게미 **糟** 겨 **糠** 아닐 **不** 배부를 **飽**

술찌끼와 쌀겨조차 조차도 배부르게 먹지 못함. 몹시 가난함.

가난하다는 다른 표현의 성어로, 한 달에 아홉 번 밥을 먹는다는 뜻의 「삼순구식(三旬九食), 해진 옷조차도 갖추지 못한다는 뜻의 「수갈불완(裋褐不完)」, 집안 형편이 어려워서 집 안에 있는 것이라고는 네 벽밖에 없다는 뜻의 「가도사벽(家徒四壁)」, 추운 날의 허술한 초가집이라는 뜻으로, 엄동설한에 떠는 가난한 생활을 이르는 「천한백옥(天寒白屋)」 등이 있다.

사마천은 《사기》 백이열전에서 이렇게 말하고 있다.

「공자의 문하에 있던 70제자 가운데 중니(仲尼)는 유독 안연(顔淵)을 가리켜 배움을 즐기는 사람이라고 칭찬을 했다. 그런데 회(回 : 안연의 이름)는 이따금 끼니를 잇지 못할 정도로 궁하여 쌀겨로조차 배를 채우기도 어려워(糟糠不飽) 일찍 죽고 말았다. 하늘이 선인(善人)에게 은혜를 베푼다는 것은 과연 사실일까? 도척(盜跖)은 날마다 무고한 인명을 죽이고 사람의 간(肝)을 회쳐서 먹으며, 포학무도한 수천 명의 도당을 모아서 천하를 횡행했건만, 끝내 아무런 천벌도 받지 않고 천수를 다 누렸다. 이것은 대체 어찌 된 일이란 말인가?」

103. 親戚故舊(친척고구) 老少異糧(노소이량) 亲戚故旧 老少异粮

❶	燈(등)	火(화)	可(가)	親(친)		
❷			親(친)	戚(척)	故(고)	舊(구)
❸		竹(죽)	馬(마)	故(고)	友(우)	
❹			除(제)	舊(구)	布(포)	新(신)
❺			偕(해)	老(로)	同(동)	穴(혈)
❻			老(노)	少(소)	不(부)	定(정)
❼		同(동)	工(공)	異(이)	曲(곡)	
❽			盜(도)	糧(량)		

풀이

❶ 燈火可親 (등화가친) 灯火可亲 등잔 **燈** 불 **火** 가할 **可** 친할 **親**

등불을 가까이할 만하다는 뜻으로, 서늘한 가을밤은 등불을 가까이하여 글 읽기에 좋음을 이르는 말.

한 유

당(唐)나라 때의 정치가이자 사상가, 대문호인 한유(韓愈)가 아들의 독서를 권장하기 위해 지은 시 「부독서성남시(符讀書城南詩)」 가운데 한 구절이다. 한유는 문학적인 면에서는 친구인 유종원(柳宗元) 등과 함께 종래의 형식적이고 수사적인 변문(騈文)에 반대하고, 소박하되 자유로우며 성인의 도를 담은 고문(古文)을 써야 한다고 주창하여 후일 당송팔대가(唐宋八大家)의 출현을 보게 하였다. 또 사상 면에서는 공자(孔子)의 유교를 공고히 하기 위해 도교와 불교를 배척하였다.

헌종(憲宗)이 불골을 모신 것을 간한 「간불골표(諫佛骨表)」 상소 사건은 그가 죽음을 맞을 뻔했던 유명한 일화이다. 정치적으로도 성공하여, 헌종을 간하다가 한때 자사로 좌천되기는 하였지만, 지금의 차관급인 시랑에까지 올랐다. 죽은 후 문공(文公)이란 시호를 받았다. 그에게는 아들 창(昶)이 있었는데, 그는 자식의 교육에 남다른 관심을 가져,

다음과 같은 시를 지어 보내 독서를 권하였다.

가을이 되어 장마 그치고
서늘한 바람 마을에 가득하니
등불을 점차 가까이 할 만하니
책을 펴 보는 것도 좋지 않겠는가

時秋積雨霽　新涼入郊墟　시추적우제　신량입교허
燈火稍可親　簡編可舒卷　등화초가친　간편가서권

서늘한 가을 저녁, 밝은 등잔불 아래서 귀뚜라미 소리를 들으며 독서에 열중하고 있는 모습을 상상하게 만드는 구절들이다.

흔히 「등화가친의 계절」이라고 쓰고 가을을 가리키는 경우가 많다. 가을이 날씨가 서늘하고 하늘이 맑으며, 수확이 풍성해 마음이 안정되어 공부하기에 더없이 좋은 계절이라는 말이다.

❷ 親戚故舊(친척고구)　亲戚故旧　친할 **親** 겨레 **戚** 연고 **故** 옛 **舊**

「친척이나 친구들을 대접할 때는 늙고 젊음에 따라 음식을 달리해야 한다(親戚故舊 老小異糧)」

《천자문》에 있는 말이다.

늙은이는 비단옷이 아니면 따뜻하지 않고, 고기가 아니면 배부르지 않다. 어찌 보면 너무나 쉽고 당연한 얘기 같지만, 그것이 공자와 유가(儒家)들이 이루고자 한 이상사회의 한 단면을 보여주기 때문이다.

공자는 「친한 사람을 친하게 대하는 것을 인(仁)이라(仁者 人也 親

親爲大)」고 하였다. 친한 사람조차 친하게 대하지 못하는 사람이 어떻게 다른 사람을 인(仁)으로 대할 수 있겠느냐는 이야기다. 물론 친하게 대하는 데에도 나이와 신분 그리고 직분에 따른 차이가 있다.

공 자

공자는 친한 이를 친하게 대하는 것 못지않게, 「천자는 천자답고, 제후는 제후답고, 대부는 대부답고, 선비는 선비답고, 백성은 백성다운」 신분질서와 군신(君臣)·부자(父子)·부부(夫婦)·붕우(朋友)·장유(長幼) 간의 상하 질서를 확실하게 세우는 것을 또한 인(仁)이라고 여겼다.

즉, 신분과 상하관계에서, 윗사람은 아랫사람을 자식처럼 사랑하고 보호하며 아랫사람은 윗사람에게 충성과 존경을 보인다면, 세상은 인(仁)과 덕(德)으로 가득 찬 태평성대를 이룰 것이라고 주창한 사람이 바로 공자였다. 그것은 공자가 꿈꾼 이상 국가이자 이상사회였다.

❸ 竹馬故友 (죽마고우) 竹马故友 대나무 **竹** 말 **馬** 옛 **故** 벗 **友**

어릴 때부터 같이 놀며 자란 벗.

「죽마(竹馬)」는 대나무로 만든 말이란 뜻이다. 「죽마」니 「대말」이니 하는 것은 시대에 따라 각각 달랐던 모양인데, 하여간 어린아

이들이 긴 대나무를 말처럼 머리와 꼬리를 붙이고 앞머리를 손에 잡고 가랑이 밑에 넣어 말 탄 흉내를 내며 끌고 돌아다니는 그런 장난감이었던 것 같다. 이 죽마란 말은 《후한서》 곽급전(郭伋傳)에 나와 있다.

곽급은 후한 광무제 때 병주(幷州) 자사였던 사람으로 그가 부임하자, 「수백 명 아이들이 저마다 대말을 타고 길가에 나와 절을 하며 맞이했다」 고 한다. 이 죽마를 어릴 때 친구란 뜻으로 쓴 것은 진무제(晋武帝) 사마염이었다.

제갈정은, 삼국시대 때 위(魏)나라 고관이었던 아버지 제갈탄(諸葛誕)이 진무제의 아버지인 사마소(司馬昭)에게 반기를 들었다가 피살되었기 때문에 인질로 가 있던 오나라에서 대사마란 재상의 지위에 올라 있었다. 그런데 오나라가 망하고 그가 진나라로 돌아오게 되자, 진무제는 그를 또 진나라 대사마에 임명했다.

그러나 그는 불러도 가지 않았다. 아버지를 죽인 원수의 나라에 벼슬을 할 수 없다는 생각에서였다. 그것만이 아니고 그는 진나라 서울 낙양이 있는 쪽을 항상 등을 돌리고 앉아 있었다.

무제가 그와의 옛 정을 못 잊어 만나보고 싶어 했으나 끝내 만나 주지 않았다. 그래서 무제는 제갈명의 누님이 되고 자기의 숙모가 되는 낭야왕(琅耶王) 사마주의 부인인 제갈비(諸葛妃)에게 부탁해 그를 부르게 했다. 무제는 누님을 찾아와 이야기하고 있는 방에 갑자기 나타나 기쁨의 인사를 나누었다. 그리고 술자리가 베풀어져 술이 얼근했을 때 무제는 정답게 말을 건넸다.

「경도 설마 죽마의 옛 정을 잊은 것은 아니겠지?」

그러자 제갈정은, 「신은 숯을 머금고 몸에 옻칠을 할 수 없어, 오늘 다시 폐하를 뵙게 되었습니다」 하고 눈물이 비 오듯 했다.

숯을 머금고 몸에 옻칠을 한다(漆身呑炭)는 것은, 전국시대 지백(智伯)의 신하였던 예양(豫讓)이 옛 주인의 원수를 갚기 위해 했던 일을 가리켜 한 말이다. 무제는 그의 심정을 이해하는 한편, 그런 줄도 모르고 억지로 만나려고 한 자신을 후회하며 방을 나갔다는 것이다.

이 무제가 말한 죽마지호(竹馬之好)에서 「죽마지우」니 「죽마고우」니 하는 말이 생겨났다.

진무제 사마염

제갈정의 아버지에 대한 복수심도 놀랍지만, 그보다도 천자로서 옛정을 잊지 못해 그토록 그를 만나고 싶어 한 진무제야말로 과연 죽마고우의 옛정을 잊지 못한 전형적인 인물이라 하겠다.

❹ 除舊布新(제구포신) 除旧布新 덜 **除** 예 **舊** 베풀 **布** 새 **新**

묵은 것을 버리고 새것을 베푸는 일.

《춘추좌씨전(春秋左氏傳)》 소공 17년조에 있는 말이다.

소공 17년 겨울, 혜성이 대진(大辰, 大火星)을 지나 곧장 서쪽으로 날아가 은하수를 넘었다. 노나라 대부 신수(申須)가 말했다.

「혜성은 낡은 모든 것을 쓸어내고 새로운 것을 내놓는 별이다. 천문

현상은 늘 길흉의 징조를 보이는데, 이제 혜성이 대화성 자리를 청소하고 있으니 대화성이 다시 출현할 때에는 반드시 재앙을 퍼뜨리고야 말 것이오. 각 제후국에 화재가 있을 것이다(彗所以除舊布新也 天事恒象 今除於火 火出 必布焉 諸侯其有火災乎)」

재신(梓愼)이 동조했다.

「나도 작년에 본 적이 있는데, 이는 바로 그 징조가 나타난 것이오. 그때에는 대화성이 나타나는 것을 보았소. 지금 혜성이 대화성 자리에 나타나 더욱 밝게 빛나고 있으나, 대화성이 사라지면 틀림없이 혜성이 되어 자취를 감출 것이오. 혜성이 대화성과 함께 있은 지 이미 오래되었으니 어찌 이같이 되지 않겠소」

여기서 낡은 것을 제거하고 새로운 것을 포진한다는 사자성어 「제구포신」이 유래했다. 새로운 해를 맞이하거나 새로운 환경에 접할 때 자주 쓴다.

❺ 偕老同穴 (해로동혈)

偕老同穴　함께 **偕** 늙을 **老** 같을 **同** 구멍 **穴**

생사를 같이하는 부부의 사랑의 맹세.

「해로동혈」은 살아서는 같이 늙고 죽어서는 한 무덤에 묻힌다는 뜻으로 생사를 같이하는 부부의 사랑의 맹세를 가리키는 말이다. 출처는 《시경》인데, 「해로」란 말은 패풍의 「격고(擊鼓)」와 용풍의 「군자해로(君子偕老)」와, 위풍의 「맹(氓)」에서 볼 수 있고, 「동혈」이란 말은 왕풍 「대거(大車)」에 나온다.

위풍의 「맹」에 있는 「해로」를 소개하면, 「맹」이란 시는, 행상

온 남자를 따라가 그의 아내가 되었으나 고생살이 끝에 결국은 버림을 받는 여자의 한탄으로 된 시다. 다음은 여섯 장으로 된 마지막 장이다.

그대와 함께 늙자 했더니
늙어서는 나를 원망하게 만드누나.
강에도 언덕이 있고
못에도 둔덕이 있는데
총각 시절의 즐거움은
말과 웃음이 평화로웠네.
마음 놓고 믿고 맹세하여
이렇게 뒤집힐 줄은 생각지 못했네.
뒤집히리라 생각지 않았으면
역시 하는 수 없네.

及爾偕老 老使我怨　급이해로 노사아원
淇則有岸 濕則有泮　기즉유안 습즉유반
總角之宴 言笑宴宴　총각지연 언소연연
信誓旦旦 不思其反　신서단단 불사기반
反是不思 亦已焉哉　반시불사 역기언재

왕풍 「대거」란 시는 이루기 어려운 사랑 속에서 여자가 진정을 맹세하는 노래로 보아서 좋은 시다. 3장으로 된 마지막 장에 「동혈」이란 말이 나온다.

살아서는 방을 달리해도
죽으면 무덤을 같이하리라.

나를 참되지 않다지만
저 해를 두고 맹세하리.

穀則異室 死則同穴 의즉이실 사즉동혈
謂予不信 有如皦日 위여불신 유여교일

「유여교일(有如皦日)」은 자기 마음이 맑은 해처럼 분명하다고 해석되는데, 해를 두고 맹세할 때도 흔히 쓰는 말로, 만일 거짓이 있으면 저 해처럼 없어지고 만다는 뜻으로 풀이되기도 한다. 하여간 거짓이 없다는 뜻임에는 틀림이 없다.

❻ 老少不定 (노소부정)

老少不定 늙을 **老** 적을 **少** 아니 **不** 정할 **定**

반드시 노인은 먼저 죽고, 젊은이는 오래 산다고 정해진 것이 아니라는 뜻으로, 인간의 수명이나 죽는 시기는 알 수 없는 것이어서 언제 죽음이 닥쳐올지 모른다는 말이다.

일본 승려 겐신(源信)이 쓴 《관심약요집(觀心略要集)》에 있는 말로, 인간의 수명은 노소부정한 것이어서 무상(無常)하기 이를 데 없으므로 부처님을 믿고 불경을 외우라고 권한 데서 비롯되었다. 제행무상(諸行無常)이라는 말 가운데 하나.

❼ 同工異曲 (동공이곡)

同工异曲 같을 **同** 장인 **工** 다를 **異** 가락 **曲**

재주나 솜씨는 같지만 표현된 내용이나 맛이 다름.

원래 이 「동공이곡(同工異曲)」은 상대를 칭찬해서 한 말이었는데, 지금은 오히려 경멸하는 뜻으로 쓰이는 경우가 많다. 즉 똑같은 내용의 사물을 다른 것처럼 보이려 하고 있는 경우를 꼬집어서 말할 때 흔히 쓰인다.

동공이곡이란 말은 한유의 「진학해(進學解)」란 글에 나오는 말이다. 해(解)는 남의 의심을 풀어 주는 글이란 뜻으로, 문장의 한 형태로 되어 있다.

한유는 천하의 문장이면서도 출세에는 뜻을 이루지 못하고, 늦게까지 사문박사(四門博士)라는 관직에 머물러 있었다. 그는 이 「진학해」란 글을 통해 스스로를 위로하고 또 타이르고 있다.

「진학해」를 간단히 소개하면 이런 내용이다.

국자(國子 : 대학) 선생인 한유가 대학에 나가 학생들을 가르치고 있었다. 비록 출세를 못했다 하더라도 나라의 처사에 불평을 하지 말고 자신의 학문이 부족한 것을 책하여 더욱 열심히 노력하라고 했다. 그러자 한 학생이 웃으며, 「선생님께선 모든 학문에 두루 능하시고, 문장에 있어서는 옛날의 대문장가에 필적하며, 인격에 있어서도 부족함이 없으신데, 어찌하여 공적으로는 세상의 신임을 얻지 못하고, 사적으로는 생활마저 하기가 어려운 형편이 아니십니까? 그러면서 왜 우리를 보고는 그런 말씀을 하십니까?」하고 따졌다. 그러자 한유는 이렇게 대답했다.

굴 원

「공·맹 같은 성인도 세상에 뜻을 얻지 못하고 불행하게 생애를 마쳤다. 나 같은 삶은 그런 성인에 비교할 수조차 없지만, 그래도 죄를 범한 일 없이 나라의 녹을 먹으며 잘 살고 있지 않은가. 따라서 세상 사람들이 나를 비난하는 것이 조금도 이상할 게 없으며, 박사라는 한직에 있는 것도 당연한 일이 아니겠는가」

사마상여

이것이 간단한 줄거리인데, 이것은 물론 한유가 학생의 입을 빌어 자문자답하고 있는 것이다. 이 「진학해」에서 학생은 한유의 문장을 칭찬하여 위로는 순임금과 우임금의 문장, 그리고 《시경》의 바르고 화려함, 아래로는 장자와 굴원(屈原), 사마천의 《사기》, 양웅(揚雄)과 사마상여(司馬相如)와 더불어 공(工)을 같이하고 곡(曲)을 달리한다고 말했다.

즉 한유는 문체만 다를 뿐 그 내용에 있어서는 옛날 위대한 문장의 글과 조금도 다를 것이 없다는 말이다. 문자란 이렇게 본래의 뜻과는 달라지는 경우가 많다.

8 盜糧(도량) 盗粮

훔칠 **盜** 양식 **糧**

수고는 혼자 하고 실속은 엉뚱한 사람이 차지하다.

위(魏)나라에서 달아나 진(秦)나라에 와서 소왕(昭王)을 만난 범수는 이렇다 할 직책도 없이 숙소에 머물면서 1년이라는 세월을 허송하였다. 이때의 진나라 정치는 소왕에게는 아무 실권도 없고, 권력은 선태후(宣太后)와 그녀의 동생 양공(穰公)의 손아귀에 쥐어 있었다.

생각다 못해 간절한 내용을 담은 상소문을 올려 간신히 소왕과의 알현을 허락받았다. 알현하는 날, 범수는 짐짓 궁궐의 다른 방으로 들어갔다. 이 꼴을 본 왕은 화가 나서 자리를 박차고 나가 버렸다. 그러자 범수가 말했다.

「진나라에 아직도 임금이 있는가? 태후와 양공이 있을 뿐이다」

이 말을 전해들은 소왕은 뜻한 바가 있어 범수를 은밀히 불렀다. 그 자리에서 범수는 그간 진나라가 썼던 「원공근교(遠攻近交)」의 외교술이 잘못되고 이를 「원교근공(遠交近攻)」으로 바꿔야 함을 극구 간언하였다. 즉 먼 곳을 공격해서 승리를 거둬봐야 직접 다스릴 수가 없어 주변 나라만 이롭게 만들었다는 것이다. 그러면서 옛날 제(齊)나라 민왕(湣王)의 이야기를 끄집어내 이렇게 결론지었다.

「그러므로 제나라가 크게 패배한 까닭은 초나라를 정벌해서 한나라와 위나라를 살찌게 했기 때문이었습니다. 이것은 이른바 적의 군대를 빌려 도둑에게 식량을 준 꼴이라고 하겠습니다(故齊所以大破者_以其伐楚而肥韓魏也 此所謂借敵兵齎盜糧者也)」

104. 妾御績紡 侍巾帷房 妾御绩纺 侍巾帷房

첩어적방 시건유방

❶ 격화소양
隔靴搔瘍

❷ 구상유취
口尙乳臭

❸ 도탄지고
塗炭之苦

❹ 오월동주
吳越同舟

❺ 이도살삼사
二桃殺三士

❻ 일단사일표음
一簞食一瓢飮

❼ 운주유악
運籌帷幄

❽ 쾌도난마
快刀亂麻

풀이

104. 妾御績紡 侍巾帷房 妾御绩纺 侍巾帷房

(첩 어 적 방 시 건 유 방)

첩 **妾** 모실 **御** 길쌈 **績** 길쌈 **紡** 모실 **侍** 수건 **巾** 장막 **帷** 방 **房**.

아내와 처는 길쌈하고 휘장 두른 안방에서는 수건과 빗을 들고 시중든다.

첩어(妾御)는 첩이다. 그러나 면류관 끈을 짜는 왕후로부터 남편의 옷을 해 입히는 서사(庶士) 이하의 아내에 이르기까지 모두 그 직분이 있으니, 길쌈하는 것이 어찌 첩에게만 국한되겠는가. 이는 우연히 아내를 말하지 않았을 뿐이다.

예로부터 여자의 임무는 길쌈하는 데 있었으므로 견우(牽牛)와 직녀(織女)를 각각 남녀의 대표 꼴로 여긴 것이다.

삼 껍질을 벗기고 실을 뽑아 물레 돌려 옷감을 짜는 고되고 힘든 단순노동을 여성에게 떠맡긴 것에는, 여성을 더욱 쉽게 부려먹으려는 남성지배 풍토가 숨어 있다. 「수건과 머리빗을 들고 시중든다」는 뜻인 「시건즐(侍巾櫛)」의 준말인 「시건(侍巾)」은 「건즐을 받든다」는 옛말에서 보듯 처첩(妻妾)들이 스스로를 낮춰 부르는 말이 되었다.

첩(妾)은 여자의 겸칭으로 여기서는 지아비가 있는 여자를 통칭한다.

이 글은 부덕(婦德)을 논한 것이다. 여자가 집안 살림을 잘하고 지아비를 위해 봉사하라는 말이다.

“104번 「천자문 나무」는 한자와 고사성어의 연계가 불가능하여 부득이 우리가 자주 접하는 고사성어 열매를 가상으로 열게 했다.”

❶ 隔靴搔痒(격화소양)

隔靴搔疡 사이 뜰 **隔** 신 **靴** 긁을 **搔** 가려울 **癢**

애써 노력해 보지만 얻는 성과는 별로 없음. 일이 철저하지 못해 성에 차지 않는다는 말이다.

이 말은 불가(佛家)에서 주로 쓰이는 말이다.

《무문관(無門關)》 서문에 보면,

「몽둥이를 들어 달을 치고, 가죽신을 신고서 가려운 곳을 긁는다(捧棒打月 隔靴爬癢)」 라는 말이 있고,

《속전등록(續傳燈錄)》 에도,

「영릉(寧陵) 안복(安福)의 아들 등장(藤章)이 말하기를, 『당(堂)에 오르니 어떤 사람이 빗자루를 들고 상을 두드리니 정말 가죽신을 신고서 가려운 곳을 긁는 것과 같다(上堂更或拈帚鼓床 大似隔靴)』」 라는 구절도 있다.

또 《시화총구(詩話總龜)》 에는,

「시(詩)에 제목이 드러나지 않는 것은 가죽신을 신고 가려운 곳을 긁는 것과 다름이 없다(詩不著題 如隔靴搔癢)」 라는 말이 나온다. 모두 적절하지 못하게 대처하는 태도를 비유한 것이다.

「격화파양(隔靴爬癢)」 이라고도 한다.

❷ 口尙乳臭(구상유취)

口尙乳臭　　입 **口** 아직 **尙** 젖 **乳** 냄새 **臭**

언어와 행동이 유치함을 이르는 말이다. 한고조가 반란을 일으킨 위

(魏)의 장수 백직(柏直)을 가리켜 한 말인데, 흔히 하는 말을 한고조(漢高祖)가 말한 것이 기록으로 남은 것뿐이다. 그러나 상대를 얕보고 하는 말 치고는 어딘가 품위가 있고 애교가 느껴진다.

유방이 한신을 보내 위왕 표(豹)를 공격할 때였다. 한창 기세를 올리고 있던 한나라였지만, 신중을 기해 공격할 필요를 느낀 유방은 위나라 사정에 정통한 역이기(酈食其)를 불러 그쪽 사정이 어떤지 물어보았다.

「한(漢)의 군대를 지휘하고 있는 장군은 누군가?」

역이기가 대답했다.

「백직(柏直)이라는 자입니다」

이 말을 들은 유방은 근심스런 표정을 이내 거두면서 말했다.

「그래, 그자라면 나도 좀 알지. 입에서 아직 젖내가 나는(口尙乳臭) 애송이 아닌가? 위를 공격해서 차지하는 건 시간문제로군」

그리고 곧바로 한신을 시켜 위군을 공격하게 하였다.

우리나라 이조시대 때 김삿갓(金笠)에 관한 이야기 가운데 다음과 같은 재미있는 이야기가 있다. 어느 더운 여름철, 한 곳을 지나노라니 젊은 선비들이 개를 잡아 놓고 술잔을 권커니 자커니 하며 시문을 짓는다고 저마다 떠들어대고 있었다. 술이라면 만사를 제쳐놓을 김삿갓인지라 회가 동하지 않을 수 없었다. 점잖게 말석에 자리를 잡고 앉아 한 순배 돌아오기를 기다리고 있는데, 행색이 초라해서인지 본 체도 않는 것이었다. 김삿갓은 슬그머니 아니꼬운 생각이 들어,

「구상유취로군!」 하고 벌떡 일어나 가버렸다.

「그 사람 지금 뭐라고 했지?」

「구상유취라고 하는 것 같더군」

「뭣이, 고연 놈 같으니!」

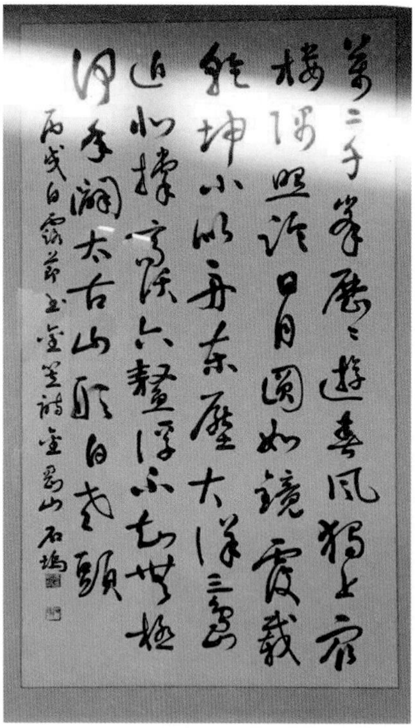

김삿갓(金笠)의 금강산 시

이리하여 김삿갓은 뒤좇아 온 하인들에게 끌려 다시 선비들 앞으로 불려갔다.

「방금 뭐라고 그랬나? 양반이 글을 읊고 있는데, 감히 구상유취라니?」 하면서 매를 칠 기세를 보였다. 김삿갓은 태연히,

「내가 뭐 잘못 말했습니까?」 하고 반문했다.

「뭐라고, 무얼 잘못 말했냐고? 어른들을 보고 입에서 젖내가 난다니, 그런 불경한 말이 어디 또 있단 말이냐?」

「그건 오햅니다. 내가 말한 것은 입에서 젖내가 난다는 구상유취(口尙乳臭)가 아니라, 개 초상에 선비가 모였으니, 『구상유취(狗喪儒聚)』가 아닙니까?」

한문의 묘미라고나 할까. 선비들은 그만 무릎을 치고 크게 웃으면서,

「우리가 선비를 몰라보았소. 자아, 이리로 와서 같이 술이나 들며 시라도 한 수 나눕시다」 하고 오히려 사과를 한 끝에 술을 권했다.

비슷한 이야기로 이런 것도 있다. 회갑잔치 집에 가서 푸대접을 받은 김삿갓이 축시(祝詩)라는 것을 이렇게 써 던지고 간 일이 있다.

시아버지 자리로 걸어가서
잔을 드리고 공손히 뵙는다.

步之舅席　納爵恭謁　　보지구석 납작공알

❸ 塗炭之苦
(도탄지고)

涂炭之苦　진흙 **塗** 숯불 **炭** 의 **之** 괴로울 **苦**

극도로 곤궁한 고통.

심한 고통 속에 있는 것을 「도탄지고」라고 한다.

「도탄지고에 빠졌다」는 말이 있다. 이 도탄은 한 개인의 고통보다는 많은 대중들의 경우에 쓰인다. 「나는 도탄에 빠져 있다」고 하면 좀 어색하지만, 「우리는 도탄에 빠져 있다」고 하면 실감 있게 들린다. 원래가 이 도탄이란 말이 대중의 고통을 비유해서 한 말이었다.

도(塗)는 진흙이란 뜻이고, 탄(炭)은 숯불을 뜻한다. 몸이 자유롭게 움직일 수 없는 진흙 수렁에 빠져 있고, 이글이글 타오르는 숯불 속에 들어 있다면 그 고통이 얼마나 크겠는가.

《서경》 중훼지고(仲虺之誥)에, 「……유하의 어두운 덕으로 백성이 도탄에 빠졌다(民墜塗炭)」고 한 구절이 나온다.

은(殷)나라 탕(湯)임금은 걸(桀)을 내쫓고 천자가 되자, 무력혁명에 의해 천하를 얻게 된 것을 부끄러워하며, 「나는 후세 사람이 내가 한 일을 가지고 구실을 삼을까 두렵다」고 말했다.

그러자 좌상(左相) 중훼가 글을 지어 탕임금을 위로한 것이 곧 「중훼지고」다. 글의 내용은 이렇다.

「슬프다, 하늘이 사람을 내었으나, 사람에게는 욕심이 있어 이를 이끌어 줄 지도자가 없으면 곧 혼란을 가져오게 된다. 그러므로 하늘은 총명한 임금을 낳아 이들을 올바로 이끌게 한다. 그런데 하(夏)나라 걸임금은 어둡고 덕이 없어 백성들이 진흙과 숯불 속에 빠지게 되었다. 그래서 하늘은 임금에게 용기와 지혜를 주어, 모든 나라들을 법도로써

상나라 탕임금

바로잡게 하고, 우(禹)임금의 옛 영토를 이어받게 했다. 지금은 우임금의 옛 제도를 따라 천명에 순종하는 것이 마땅할 뿐이다」

즉 중훼는 탕임금의 무력에 의한 혁명을 정당한 것으로 보고, 걸임금의 학정에 신음하는 백성들의 견딜 수 없는 고통을 덜어주는 것이 위대한 덕을 가진 사람의 당연히 해야 할 책무라는 것을 강조하여 탕임금의 주저하는 마음을 격려했던 것이다.

국민이 도탄의 괴로움에 허덕인 것은 오직 걸왕 때만은 아니다. 은의 주왕이나 고래로 많은 제왕시대에도 그러했다. 극언하면 유사 이래 수천 년의 역사는 민중의 끊임없는 도탄의 괴로움의 반복이었다고 해도 과언이 아니다. 그래서 《서경》에 최초로 보이는 「도탄(塗炭)」이란 말은 그 후 중국의 사서(史書)뿐 아니라 우리나라 문헌에도 빈번하게 쓰였다.

도탄의 도(塗)는 진흙탕, 탄(炭)은 숯불이다. 도탄의 괴로움이란 마치 진흙탕이나 숯불 속에 떨어진 것 같은 수화(水火)의 괴로움이란 뜻이다. 또 도탄의 고(苦)를 도지(塗地)의 고라고도 한다. 도탄의 괴로움에서 해방을 갈망하는 사람들의 소원이 많은 문헌에 도탄이란 글자를 남겨놓았다고 말할 수 있다.

❹ 吳越同舟 (오월동주)

吳越同舟 오나라 **吳** 월나라 **越** 같을 **同** 배 **舟**

서로 적의를 품은 자들이 같은 처지나 한자리에 놓임.

「와신상담(臥薪嘗膽)」의 이야기에 나와 있듯이, 오나라와 월나라는 오랜 원수 사이였다. 만나기만 하면 누가 죽든 싸워야 하는 원수사이라도 한배에 타고 있는 한 목적지에 도착할 때까지는 서로 운명을 같이하고 협력하게 된다는 뜻으로 이 「오월동주(吳越同舟)」란 말이 쓰인다. 혹 「원수는 외나무다리에서 만난다」는 뜻으로 쓰기도 하는데, 해석 여하에 따라 쓸 수 있는 것 같다.

《손자》는 중국의 유명한 병법서로서 춘추시대 오(吳)나라의 손무(孫武)가 쓴 것으로 되어 있다. 손무는 오왕 합려(闔閭)를 섬겨 서로는 초(楚)의 수도를 함락시키고, 북으로는 제(齊)와 진(晉)을 격파했다는 명장이다. 그러나 전국시대 제나라의 손빈(孫臏)이 저자라는 설도 있다. 형을 받아 절름발이가 되고 기구한 운명을 극복하고 마침내는 대장군이 된 유명한 병법가이다.

그러나 그것은 어쨌든 《손자》가 대병법서임에는 틀림이 없다. 그 내용은 명쾌하고 문장이 간결하고 엄해서 서릿발 같은 느낌이 있다. 「그를 알고 나를 알면 백전이 위태롭지 않다(知彼知己 百戰不殆)」는 등 많은 병법 구절이 이 책에서 나왔다. 이 「오월동주」도 그 하나다. 「오월동주」는 《손자》의 병법에 나오는 말이다.

《손자》는 12편으로 되어 있는데, 이 중 제10편과 제11편은 지형편(地形篇)과 구지편(九地篇)으로 되어 있다. 구지(九地)는 아홉 가지 상황을 말하는데, 아홉 가지 중 맨 마지막에 나오는 것이 사지(死地)다. 사지

손 무

는 적과 싸워 이기지 못하는 한 후퇴도 방어도 불가능한 막다른 골목을 말한다.

이른바 「죽을 땅에 빠뜨린 뒤라야 살 길이 생긴다(陷之死地而後生)」는 그 「사지(死地)」다.

한신의 배수진(背水陣)도 이 사지의 원리를 이용한 것임을 한신 자신이 말하고 있다.

《손자》에서는 이렇게 말하고 있다.

「용병을 잘하는 장군은 이를테면 솔연(率然)과 같다. 솔연이란 회계(會稽) 상산(常山)에 있는 큰 뱀이다. 그 머리를 치면 꼬리가 날아오고, 꼬리를 치면 머리가 덤벼든다. 허리를 치면 머리와 꼬리가 함께 덤벼든다. 이처럼 기운을 하나로 뭉치는 것이 필요하다. 대저 오나라 사람들과 월나라 사람은 서로 미워한다. 그러나 그들이 같은 배를 타고 가다가 바람을 만나게 되면 서로 돕기를 좌우의 손이 함께 협력하듯 한다(夫吳人與越人相惡也 當其同舟而濟遇風 其相救也 如左右手)」

그러므로 용기 있는 사람과 겁이 많은 사람, 그 밖의 가지각색의 병사들을 일치 협력해서 싸우게 하는 것은 그때그때의 상황에 의한다. 대개 이런 내용인데, 사이가 좋지 못한 사람들이 같이 있게 된 것을 가리켜 「오월동주」라고 하는 것은 여기에서 비롯된 말이다.

❺ 二桃三殺士 (이도삼살사)

二桃叁杀士

두 二 복숭아 **桃** 석 三 죽일 **殺** 선비 **士**

교묘한 꾀로 상대방을 자멸시킴.

「이도삼살사」는 글자 그대로 복숭아 두 개로 세 명의 장사를 죽였다는 말이다. 이 말은 《안자춘추》에 있는 이야기에서 나온 말인데 《동주열국지》의 이야기를 소개하면 다음과 같다.

안 영

안자, 즉 안영(晏嬰)은 제나라 경공(景公)을 도와 한동안 침체했던 제나라를 다시 살기 좋은 강대국으로 끌어올린 명재상이다. 그의 외교적 수완의 일면은 「남귤북지(南橘北枳)」란 성어에서도 있는 이야기지만, 이 이야기 역시 그의 남다른 지혜를 엿볼 수 있는 유명한 사건이다.

경공의 신변을 호위하고 있는 세 명의 장사가 있었다. 그들은 똑같이 맨주먹으로 범을 쳐서 죽일 수 있는 용사들로 각각 그 나름대로의 공을 세운 사람들이었다. 그러나 그들은 수양이 부족한 탓으로 힘과 공을 자랑하며 법을 무시하고 멋대로 행동하는 버릇이 있었다.

그들 셋으로 인해 조정의 체통이 말이 아니었다. 안영은 경공에게 그들을 쫓아버리라고 권했으나 임금은 말을 듣지 않았다 그들의 용력을 아끼는 생각보다도 후환이 두려웠던 것이다.

이도살삼사 화상석(畵像石)

안영은 어느 날, 노나라 임금을 초대한 자리에서 「만수금도(萬壽金桃)」로 불리는 크기가 대접만한 복숭아 여섯 개를 가져와 두 임금과 두 재상들이 각각 하나씩 먹고 두 개를 남긴 다음 경공에게 이렇게 청했다.

「아직 복숭아가 둘이 남았습니다. 임금께서 여러 신하들 중에 가장 공로가 큰 사람을 자진해서 말하게 하여 그 중에서 큰 사람에게 이 복숭아를 상으로 내리시면 어떻겠습니까?」

「그거 참으로 좋은 생각이오」 하고 경공은 좌우 시신을 통해,

「뜰아래 있는 모든 신하들 중에 자기가 이 복숭아를 먹을 수 있다고 생각하는 사람은 자진해서 나와 말하라. 상국(相國)이 공을 평하여 복숭아를 나눠주리라」 하고 전달했다. 그러자 세 사람 중 한 사람인 공손첩(公孫捷)이 앞으로 나와 연회석에서 서서 말하기를,

「옛날 임금님을 모시고 동산(桐山)에서 사냥을 했을 때, 불의에 습격해 온 사나운 호랑이를 맨손으로 쳐 죽였습니다. 이 공로가 어떠하옵니까?」

안영이 말했다.

「그 공로는 참으로 큽니다. 술 한 잔과 복숭아 하나를 내리심이 마땅한 줄로 아옵니다」

그러자 또 한 사람인 고야자(古冶子)가 벌떡 일어나 말했다.

「호랑이를 죽인 일쯤은 그리 대단할 것이 없습니다. 나는 일찍이 임금님을 모시고 황하를 건널 때 배 안의 말을 몰고 들어가는 괴물을 10

리를 따라가 죽이고 말을 되찾아 왔습니다. 이 공은 어떻습니까?」

안자가 말하기 전에 경공이 입을 열었다.

이도살삼사도

「그때 장군이 아니었다면 배는 틀림없이 뒤집히고 말았을 것이다. 이것은 세상에 없는 공이다. 술과 복숭아를 경을 안 주고 누굴 주겠는가?」

그러자 안영은 황급히 술과 복숭아를 그에게 건네주었다. 그때 마지막 한 사람 전개강(田開疆)이 옷을 벗어부치고 달려나오듯 하며 말했다.

「나는 일찍이 임금의 명령으로 서(徐)를 쳐서 그의 유명한 장수를 베고, 5백 명 군사를 사로잡음으로써 서군(徐君)이 두려워 뇌물을 바치고 맹약을 빌었으며, 이로 인해 담(郯)과 거(莒)가 겁을 먹고 일시에 다 모여들어 우리 임금으로 맹주가 되게 하였으니 이 공로면 복숭아를 먹을 수 있겠습니까?」

그러자 안영은 공손히 임금에게 아뢰었다.

「개강의 공로는 두 장군에 비해 열 배나 더 크옵니다. 안타깝게도 복숭아가 없으니 술만 한 잔 내리시고 복숭아는 명년으로 미루는 수밖에 없을 줄 아옵니다」

그 말에 경공도,

「경의 공이 가장 큰데, 아깝게도 일찍 말을 하지 않았기 때문에 그런 큰 공을 상주지 못하게 되었으니 참으로 가슴이 아프구려」

그러자 전개강은 칼자루를 어루만지며,

「호랑이를 죽이고 괴물을 죽이는 것은 작은 일이다. 나는 천리 길을 산을 넘고 물을 건너며 피나는 싸움으로 큰 공을 세우고도 오히려 복숭아를 먹지 못하고 두 나라 임금과 신하들이 모인 앞에서 욕을 당하고 만대의 웃음거리가 되었으니 무슨 면목으로 조정에 선단 말인가」 하고 말을 마치자 칼을 휘둘러 자기 목을 쳐서 죽었다.

그러자 공손첩이 크게 놀라 역시 칼을 뽑아들며,

「우리는 공이 적으면서 복숭아를 먹었는데 전군(田君)은 공이 큰데도 도리어 복숭아를 못 먹었다. 복숭아를 받아 사양하지 못했으니 청렴하지가 못했고, 또 남이 죽는 것을 보고도 따라 죽지 못한다면 이는 용기가 없는 것이다」 하고 말을 마치자 역시 제 목을 쳐 죽었다. 그러자 고야자가 분을 못 참고 크게 외치며,

「우리 세 사람은 함께 살고 함께 죽기로 맹세를 했었다. 두 사람이 이미 죽었으니 나 혼자 무슨 낯으로 살아남을 수 있겠는가」 하고 역시 자기 목을 쳐 죽었다.

그런데 이 사건이 더욱 유명하게 된 것은 제갈량이 이들 세 사람의 무덤이 있는 탕음리(蕩陰里)를 지나다가 읊었다는 양보음(梁甫吟) 때문이라고 볼 수 있다.

그 시를 소개하면 다음과 같다.

걸어서 제나라 동문을 나가
멀리 탕음리를 바라보니
마을 가운데 세 무덤이 있는데
나란히 겹쳐 서로 똑같다.
이게 뉘 집 무덤이냐고 물었더니

전강과 고야자라고 한다.
힘은 능히 남산을 밀어내고
문은 능히 지기를 끊는다.
하루아침에 음모를 만나
두 복숭아로 세 장사를 죽였다.
누가 능히 이 짓을 했는가
상국인 제나라 안자였다.

뒤에 이태백(李太白)이 또 같은 양보음을 지어, 그 속에서,

힘이 남산을 밀어내는 세 장사를
제나라 재상이 죽이며 두 복숭아를 썼다.

고 함으로써 이 이야기는 점점 더 유명해졌다. 이 이야기에서 「이도살삼사」는 계략에 의해 상대방을 자멸하게 만드는 말로 쓰이게 되었다.

❻ 一簞食一瓢飮 (일단사일표음)

一簞食一瓢飮 한 一 도시락 **簞** 먹일 **食** 표주박 **瓢** 마실 **飮**

간소한 음식. 소박한 생활.

단(簞)은 대나무로 엮어 만든 도시락을 말한다. 표(瓢)는 바가지다. 「일단사일표음」은 한 도시락밥과 한 바가지의 물이란 뜻으로, 굶지 않을 정도의 가난한 식생활을 말하는 것이다.

이 말은 《논어》 옹야편에서 공자가 안자(顏子 : 안회)를 칭찬한 말 가운데 나온다. 공자의 제자는 3천, 그 중에서도 고제(高弟)는 77명, 흔히 이것을 「칠십자(七十子)」라고 하는데, 이 칠십자 가운데서도 공자

안 회

가 「현(賢)」이라 칭하고 「인(仁)」이라 칭하여 거의 완벽한 인격을 갖춘 인물로서 가장 신뢰하고 있던 제자가 안회였다.

「어질도다, 회여. 한 도시락밥과 한 바가지 물로 더러운 골목에 사는 것을 사람들은 그 고생을 견디지 못해 하는데, 회는 그 즐거움을 고치지 않으니 어질도다, 회여!(賢哉回也 一簞食一瓢飮 在陋巷人不堪其憂 回也不改其樂 賢哉回也)」

겨우 목숨을 이어가기 위한 음식물로 더럽고 구석진 뒷골목 오두막집에 산다는 것은 누구나가 그 고생을 견디기가 어려운 것이다. 그러나 안자는 그런 가난에 마음이 흔들리는 일이 없이 그가 깨달은 진리 속에 남이 알지 못하는 즐거움을 그대로 간직하고 있었기 때문에 공자는 이 같은 칭찬을 아끼지 않았던 것이다.

즉 「일단사일표음」은 인간의 최저 생활을 뜻한 말이었다. 공자는 술이편(述而篇)에서 이렇게 자신의 심경을 말하고 있다.

「거친 밥 먹고, 물마시고 팔을 베고 자도, 즐거움이 또한 그 속에 있다. 옳지 못한 부귀나, 명성 같은 것은 내게 있어서 뜬구름과 같다(飯疏食飮水曲肱而枕之 樂亦在其中矣 不義而富且貴 於我如浮雲)」

공자의 이런 심경이 바로 안자의 심경이었던 것이다. 공자는 노애공(魯哀公)이,

「제자들 중에 누가 제일 학문을 좋아합니까?」하고 물었을 때,

「안희란 사람이 학문을 좋아해서 노여움을 옮기지 않고 같은 잘못

을 두 번 되풀이하는 일이 없더니, 지금은 죽고 없는지라, 아직 학문을 좋아하는 사람이 있는 것을 듣지 못했습니다」 하고 대답했다.

노여움을 옮기지 않는다는 것은 노여움이 그 사람을 위한 한 방편이었지 절대로 감정에서 나온 것이 아님을 뜻한다. 즉 사물에 의해 마음이 동요되는 일이 없음을 말한다. 두 번 잘못을 되풀이하지 않는다는 것은, 잘못인 줄만 알면 자연 하지 않게 된다는 뜻으로, 모든 행동이 이성(理性)에 따라 절로 움직여지게 되는 것을 말한다. 공자는 또 그를 칭찬하여, 「회는 나를 도와주는 사람이 아니다. 내 말을 좋아하지 않는 것이 없다」라고 했다.

공자 수학제자

명리세욕(名利世欲)에 집착하지 않고 자기 자신을 하늘에 맡겨 「하늘의 가르침」 자체에 귀일(歸一)하는 것을 무상(無上)의 열락(悅樂)으로 삼으며, 있는 그대로의 자신에 대하여 아무런 회의도 저항도 하지 않는다. 그 유유자적하는 모습이야말로 공자에게서 안회에 대한 둘도 없는 존중의 마음을 갖게 했던 것이다. 「일단사일표음」이란 말도 여기서 나와, 청빈한 생활을 형용하는 경우에 쓰이게 되었다.

❼ 運籌帷幄 (운주유악) 运筹帷幄 놀릴 **運** 산가지 **籌** 휘장 **帷** 휘장 **幄**

가만히 들어앉아서 계책을 꾸밈.

운주(運籌)는 산가지를 놀린다는 뜻이고, 유악(帷幄)은 장막이란 뜻이다. 「운주유악」은 장막 안에서 산가지를 놀린다는 뜻이니, 곧 가만히 들어앉아서 계획을 꾸민다는 말이다.

한고조 유방

《사기》 고조본기에 있는 이야기다.

항우는 이미 망하고, 천하가 마침내 한왕 유방의 손에 넘어갔고, 통일천하를 끝낸 한고조 유방은 어느 날 낙양 남궁(南宮)에서 잔치를 베풀었다. 그 자리에서 고조는 말했다.

「경들은 숨김없이 말해 보라. 내가 천하를 얻은 까닭과 항우가 천하를 잃은 까닭이 무엇인가를?」

그러자 고기(高起)와 왕릉(王陵)이 이렇게 대답했다.

「……폐하께선 성을 치고 공략하게 되면 공을 세운 사람에게 그 땅을 주어 천하 사람들과 이익을 함께하셨습니다. 그러나 항우는 의심과 질투가 많아 싸움에 이겨도 성을 주지 않고 땅을 얻어도 나누어 주는 일이 없었습니다. 이것이 폐하께서 천하를 얻고 항우가 천하를 잃은 까닭인 줄 아옵니다」

그러자 고조는 말했다.

「그대는 하나만 알고 둘은 모른다. 대체로 산가지를 장막 안에서 움직여 천 리 밖에 승리를 얻게 하는 것은 내가 자방(子房 : 장량의 자)만 못하고(夫運籌策帷幄之中 決勝於千里之外 吾不如子房), 나라를 편안히 하고 백성을 어루만져 주며, 군대의 보급을 끊어지지 않게 하는 것은 내가 소하(蕭何)만 못하며, 백만의 군사를 거느리고 싸우면 반드시 이기고, 치면 반드시 빼앗는 것은 내가 한신만 못하다. 이 세 사람은 모두 뛰어난 인걸들이다. 나는 그들을 제대로 쓸 수가 있었던 것이 바로 내가 천하를 차지할 수 있었던 이유다. 항우는 범증(范增) 한 사람 있을 뿐이었는데, 그 하나도 제대로 쓰지 못했다. 이것이 나에게 패한 이유다」

항우의 최후

이상이 《사기》의 내용인데, 《한서》에 나와 있는 것과는 이 대목의 글자가 몇 자 틀린다. 《한서》에는 「운주유악지중 결승천리지외(運籌帷幄之中 決勝千里之外)」로 되어 있는데, 《사기》에는 주(籌)가 주책(籌策)으로 되어 있고, 유악이 유장(帷帳)으로 되어 있고, 천리(千里) 위에 어(於) 한 자가 더 들어가 있다. 똑같은 뜻인데 보통 《한서》의 것을 쓰고 있다.

유방이 말한 바와 같이 그가 일개 군도(群盜)의 두목에서 몸을 일으켜 천하를 손에 쥔 것은 사람을 잘 썼기 때문이다. 항우의 경우는 혈연적인 결합이 강한 데 대하여 유방의 집단은 군사집단이기는 하나 오히려 당시의 신흥세력이었던 호족(豪族)의 생활 집단과 같은 형태를 취하고 있었다. 혈연이 아닌 것도 널리 사람을 흡수할 수 있는 조건이 되는 것이다.

소하는 원래 소관리(小官吏), 한신은 시정(市井)의 무뢰한, 주발(周勃)은 돗자리 짜는 사람, 번쾌는 개백정이었다. 유방은 이런 사람들을 잘 써서 일을 꾸몄던 것이다. 낡은 형태의 항우군보다 확실히 진보적이어서 이길 만하였기에 이긴 것이라고 말할 수 있다.

❽ 快刀亂麻(쾌도난마) 快刀乱麻 통쾌할 **快** 칼 **刀** 어지러울 **亂** 삼 **麻**

잘 드는 칼로 어지럽게 뒤얽힌 삼(麻)의 가닥을 일거에 베어 정리한다는 뜻으로, 복잡하게 얽힌 일을 명쾌하게 정리하고 분석함. 《북제서(北齊書)》 문선기(文宣紀)에 있는 이야기다.

남북조시대 북조 동위(東魏) 효정황제의 승상 고환(高歡)은, 하루는 자기 자식들이 얼마나 총명한지 한번 시험을 해보려고 흐트러져 얽혀 있는 삼을 한 줌씩 나누어주면서 누가 가장 빨리 추리는지 보겠다고 했다. 그러자 다른 아들들은 모두 한 올 한 올 뽑아서 추리는데, 고양(高洋)이라는 아들만은 잘 드는 칼을 가져다가 얽혀져 있는 삼들을 단칼에 베어버리고 가장 먼저 추려내는 것이었다.

아버지 고환이 왜 그렇게 했느냐고 물었다. 그러자 고양은,

「어지러운 것은 베어버려야 합니다(亂者必斬)」라고 대답했다.

이 말을 들은 고환은 이 아이야말로 장차 큰일을 해낼 놈이로구나 하고 생각하면서 기뻐했다.

그 후 고양은 효정황제의 제위를 찬탈하고 북제의 문선제(文宣帝)가 되었다. 이에 소년시절 그가 삼을 추린 이야기가 《북제서》에 오르게 되었는데, 그 뒤부터 위정자들이 백성들을 가혹하게 탄압하는 것을 가리켜 쾌도난마라고 하게 되었다.

「쾌도난마」는 고양의 소년시절 이야기에서 유래한 것인데, 지금 우리는, 복잡하게 얽힌 문제를 과감하고 신속하게 처리하거나, 일처리가 매우 명쾌한 것을 비유해서 쾌도난마와 같다고 한다.

105. 紈扇圓潔 銀燭煒煌 纨扇圆洁 银烛炜煌

(환선원결 은촉위황)

❶	綺紈子弟	기환자제
❷	秋扇	추선
❸	破鏡重圓	파경중원
❹	清廉潔白	청렴결백
❺	銀河鵲橋	은하작교
❻	風前燈燭	풍전등촉
❼	銀燭煒煌	은촉위황
❽	輝煌燦爛	휘황찬란

풀이

기 환 자 제
❶ 綺紈子弟 绮纨子弟 비단 綺 흰 비단 紈 아들 子 아우 弟

비단처럼 귀한 자제. 부귀한 집안이나 공작(公爵)의 자제.

기환은 비단의 일종으로, 아름답게 무늬 놓은 비단과 흰 비단을 말하는데, 전하여 이러한 비단이 있는 부귀한 집을 뜻함.

추 선
❷ 秋扇 秋扇 가을 秋 부채 扇

필요할 때는 대접을 받다가 쓸모가 없어지면 경시되는 상황이나 사람. 특히 남자의 사랑을 잃은 여인의 처지.

반첩여

「추선」은 글자 그대로 가을 부채를 말한다. 즉 가을이 되어 쓸모가 없게 된 부채를 가리킨다. 이에 비유하여 사랑을 잃은 처지를 뜻하는 말로 쓰인다. 《한서》 속에 반첩여(班倢伃) 「원가행(怨歌行)」이라는 시에 나오는 말이다.

한나라 성제(成帝)의 홍가 3년(BC 18년)의 어느 날, 후궁 증성사(增成舍)는 여느 때와는 다른 황망함을 보이고 있었다. 이곳의 주인인 반첩여가 허황후(許皇后)와 공모하여 총애를 받고 있는 사람들을 저주하고 황

조비연

제에 대하여 불손한 언사를 했다는 혐의로 잡혀가고 있는 것이었다.

소문에 의하면 조비연(趙飛燕) 자매가 이 두 사람을 황제에게 참주(讒奏)했다고 한다. 조 자매란 얼마 전에 궁비(宮婢)로서 채용된 데 불과했지만, 그 경신세요(輕身細腰)가 황제의 눈에 들어 후궁에 들어오고, 곧이어 언니는 첩여, 동생은 소의(昭儀)의 지위를 하사받으며 후궁의 총애를 한 몸에 모으고 그 정도가 전대미문이라고 일컬어지고 있었다.

사실을 규명했으나 무죄라는 것이 밝혀졌다. 그러나 불쌍하게도 허황후는 건시(建始) · 하평(河平) 연간에 총애를 뽐냈던 것이 화근이 되어 폐위되고 미인이란 지위로 떨어지고 말았다. 반첩여는, 「『생사에는 명이 있고, 부귀는 하늘에 있다(死生有命 富貴在天)(《논어》 안연편)』고 듣고 있습니다. 행실을 바르게 하여도 아직 복이 없는데, 사악한 짓을 한들 무슨 소용이 있겠습니까. 하늘이 이 신하로서 바라서는 안될 소원을 아셨다 하더라도 받아들이지 않을 것입니다. 모르고 계신다면 아무리 바라고 바라도 무익한 일이 아니겠습니까」 라고 아뢰었다.

황제는 반첩여의 성실에 감동되어 그녀를 용서하고 또다시 백 근의 황금을 하사했다. 그리하여 다시 증성사로 돌아오긴 했으나 이미 총애를 잃은 몸, 별수가 있을 리 없다. 있는 것은 공허뿐, 아니 여자의 질투다. 이번에는 다행히 용서를 받기는 했으나 어떻게 저 조비연 자매를 그냥 둘 수 있겠는가.

고조황제의 애첩 척희(戚姬)는 고조황제의 비 여태후에게 두 눈이 뽑히고 혀가 잘리고 다음에는 수족까지 절단당하지 않았는가. 무서운 것은 여자의 질투다. 현량정숙(賢良貞淑)한 반첩여는 어찌했으면 좋을지를 몰랐다. 어떻게 이 질투의 소용돌이치는 후궁에서 도망칠 방법은 없을까 하고 고뇌했다.

그래서 장신궁(長信宮)에 계신 황태후인 왕씨에게 부탁을 해보기로 했다. 황태후는 자기가 옛날에 첩여가 되었을 때 자신의 겸손함을 칭찬하고 언제나 다정하게 대해 주었다. 이젠 황태후에게 의지하는 길밖에 없다고 생각하자 반첩여는 지체하지 않고 장신궁으로 가서 황태후를 모시게 해달라고 자원을 했다.

장신궁에서는 평온한 나날이 흘렀다. 왕씨의 말벗을 해주는 일 이외에는 방안에 들어박혀 시서를 읽고 악기를 벗 삼고 있었다. 그러나 간혹 나는 새의 모습이 수면에 비치듯, 그 예전 증성사에서 보내던 생활의 추억이 마음속에 오가는 수도 없지 않았다.

새로 찢는 제나라의 흰 비단
깨끗하기 서리와 눈과 같구나.
이리저리 잘라서 만든 합환선
둥글기가 명월과 같구나.
그대의 품속으로 드나들면서
움직여 미풍을 일으킨다.
언제고 두려운 가을이 되어
찬바람이 더위를 쫓으니

장 속으로 버림을 받아
은정이 중도에서 끊어질까 싶구나

新裂齊紈素 皎潔如霜雪　신렬제환소 교결여상설
裁作合歡扇 團圓似明月　재작합환선 단원사명월
出入君懷袖 動搖微風發　출입군회수 동요미풍발
常恐秋節至 凉風奪炎熱　상공추절지 양풍탈염열
棄損篋笥中 恩情中道絶　기손협사중 은정중도절

세월은 장신궁에도 흘러 수화(綏和) 2년(BC 7년) 성제가 죽은 뒤 곧 반첩여도 40세 남짓한 생애를 마감했다. 「재작합환선」과 「상공추절지」 두 구에서 「쓸모없는 가을 부채」라는 의미의 「추선(秋扇)」이란 성어가 만들어졌다. 「추풍선(秋風扇)」이란 말이 사나이의 사랑을 잃은 여자에게 비유되어 「추풍선으로서 버림을 받아」 하고 곧잘 쓰이는 것도 앞에서 보인 「원가행」에서 나왔다.

❸ 破鏡重圓(파경중원)　破镜重圆　깨질 **破** 거울 **鏡** 다시 **重** 둥글 **圓**

「파경(破鏡)」은 깨진 거울이란 뜻이다. 옛날에는 거울이 대개 둥글었기 때문에 달을 거울에 비유하기도 했다. 그래서 한쪽이 이지러진 달을 가리켜 파경이라고 하기도 한다.

그러나 부부가 영영 다시 합칠 수 없게 된 것을 가리켜 파경이라고 한다. 다시 말해 이혼과 같은 경우다.

이 파경이란 말은, 둥글었던 것이 깨어짐으로써 한쪽이 떨어져 없어

지거나 금이 가서 다시 옛날처럼 원만한 모습과 밝은 거울의 구실을 못하게 된다는 데서 원만하던 가정에 파탄이 생기고 금이 간 것을 깨진 거울에 비유한 것으로도 볼 수 있다.

그러나 이것은 비유가 아니라 실화에서 유래된 것이다.

남북조시대 남조(南朝)의 마지막 왕조인 진(陳)이 망하게 되었을 때, 태자사인(太子舍人 : 시종)이었던 서덕언(徐德言)은 수(隋)나라 대군이 양자강 북쪽 기슭에 도착하자 만일의 경우를 생각해서 아내를 불러 말했다.

「사태는 예측을 불허하오. 이 나라가 망하게 되면 그대는 얼굴과 재주가 남달리 뛰어나므로 반드시 적의 수중으로 넘어가 어느 귀한 집으로 들어가게 될 거요. 그렇게 되면 다시 만날 수 없겠지. 그러나 혹시 다시 만날 기회가 있을지 누가 알겠소. 그럴 경우를 위해……」 하고 그는 옆에 있던 거울을 둘로 딱 쪼개어 한쪽을 아내에게 주며 다시 이렇게 말했다.

「이것을 소중히 간직하고 계시오. 그리고 정월 보름날 시장바닥에서 살피고 계시오. 만일 살아있게 되면 그 날은 내가 서울로 찾아갈 테니」

두 사람은 깨진 거울 반쪽씩을 각각 품속 깊숙이 간직하고 있었다. 얼마 안 있어 수나라 대군이 강을 건너자 진나라는 곧 망하고 예상한 대로 서덕언의 아내는 적에게 붙잡혀 수나라 서울로 가게 되었다.

그녀는 진나라 마지막 황제였던 후주(後主)의 누이동생으로 낙창공주(樂昌公主)에 봉해져 있었다.

그녀는 수문제 양견(楊堅)의 오른팔로 건국 제일공신인 월국공(越國公) 양소(楊素)의 집으로 들어가게 되었다.

낙창공주

한편 서덕언은 난리 속에 겨우 몸만 살아남아 밥을 얻어먹으며 1 년이 걸려 서울 장안으로 올라왔다.

약속한 정월 보름날 시장으로 가 보았다. 깨진 반쪽 거울을 들고 소리 높이 외치는 사나이가 있었다.

「자아, 거울을 사시오. 단돈 십금(十金)이오. 누구 살 사람 없소?」

거져 주어도 싫다고 할 깨진 반쪽 거울을 10금이나 주고 살 사람이 어디 있겠는가. 지나가는 사람들은 미친놈이라면서 웃기만 했다. 그런데 이때, 「내가 사겠소!」 하고 나서는 사람이 있었다.

서덕언은 사나이를 자기 숙소로 데리고 가서 거울에 얽힌 사연을 죽 이야기한 끝에 품속에 간직하고 있던 다른 한쪽을 꺼내 맞붙여 보았다.

거울은 감쪽같이 하나로 둥글게 변했다. 서덕언은 다시 하나로 합쳐진 거울 뒤에 다음과 같은 시를 한 수 적었다.

거울은 사람과 더불어 가더니
거울만 돌아오고 사람은 돌아오지 않누나.
다시 항아(姮娥)의 그림자는 없이
헛되이 밝은 달빛만 멈추누나.

鏡與人俱去 鏡歸人不歸　경여인구거 경귀인불귀
無復姮娥影 空留明月輝　무부항아영 공류명월휘

심부름 갔던 사나이가 가지고 돌아온 거울을 본 덕언의 아내는 그 뒤로 먹지도 않고 울기만 했다.

이 사실을 알게 된 양소는 두 사람의 굳은 사랑에 감동되어 즉시 덕언을 불러 그녀와 함께 고향으로 돌아가게 해주었다.

《태평광기》 166권 의기(義氣)라는 항목에 있는 이야기다.

이 이야기에서 생이별한 부부가 다시 만나게 되는 것을 「파경중원(破鏡重圓)」이라고 부르게 되었다. 깨진 거울이 거듭 둥글게 되었다는 뜻이다.

우리나라 신라시대 때 있었던 설처녀(薛處女)와 가실(嘉實)의 이야기에도 거울에 대한 비슷한 이야기가 나온다. 이 이야기로는 파경이란 말이 생이별을 뜻하게 되는데, 지금은 이혼의 경우만을 가리켜 말하게 된다. 하긴 이혼도 생이별임에는 틀림이 없지만.

❹ 淸廉潔白(청렴결백) 淸廉洁白 맑을 **淸** 청렴할 **廉** 깨끗할 **潔** 흴 **白**

마음이 맑고 곧아 뒤로 검은 데가 전혀 없는 것을 이르는 말.

조정에 의해 선발된 청렴결백한 벼슬아치를 청백리(淸白吏)라 부른다.

관직수행 능력과 청렴·근검·도덕·경효·인의 등의 덕목을 겸비한 이상적인 관료상이다. 고려시대부터 청백리 제도가 존재했던 것으로 판단된다. 최영 등 소수 관료들에서 청백함이 칭송되고 있고, 자식들에게 청백한 관리가 되어 가문의 전통을 이으라고 당부하기도 하였다.

고려시대에는 염리(廉吏), 청리(淸吏)라고 하였으며, 조선시대에는 의

청백리 황희

정부(議政府), 육조(六曹), 경조(京兆) 등 종2품 이상의 당상관과 사헌부, 사간원의 수직(首職)이 추천하여 의정부에서 선발한 관리를 일컬었다.

이들은 녹선(錄選, 벼슬 따위에 추천되어 관리로 뽑힘)되면 만백성의 추앙을 받는 동시에 승진의 특전을 누렸다. 자손에게도 공신이나 전 · 현직 고관 자제를 과거 없이 관리로 채용하는 음서 혜택이 주어졌다.

조선시대 청백리는 총 217명이 배출되었는데, 맹사성 · 황희 · 최만리 · 이현보 · 이황 · 이원익 · 김장생 · 이항복 등이 대표적인 인물이다.

❺ 銀河鵲橋(은하작교) 银河鹊桥 은 **銀** 물 **河** 까치 **鵲** 다리 **橋**

견우직녀(牽牛織女)의 전설에 있는 7월 칠석(七夕)에 은하수에 놓는다는 까막까치의 다리.

견우직녀는 견우성(牽牛星)과 직녀성(織女星)을 아울러 이르는 말이다.

칠월칠석날 저녁에 견우와 직녀 두 별을 서로 만나게 하기 위하여 까막까치가 은하수에 모여 자기들의 몸으로 놓는다고 하는 다리를 오작교라고 한다..

이 날은 까마귀와 까치의 그림자를 볼 수 없다고 한다.

음력 칠월칠석 전날 저녁에 부녀자들이 견우와 직녀 두 별에게 길쌈과 바느질을 잘하게 하여 달라고 빌던 일을 걸교(乞巧)라고 한다.

❻ 風前燈燭 (풍전등촉) 风前灯烛 바람 **風** 앞 **前** 등 **燈** 촛불 **燭**

바람 앞의 촛불이란 뜻으로, 사물이 오래 견디지 못하고 매우 위급한 자리에 놓여 있음을 가리키는 말. 또는 사물의 덧없음을 이르는 말로도 쓰인다.

「풍전등화(風前燈火)」, 「풍전지등(風前之燈)」으로도 쓴다.

사람의 운명이 어떻게 될지 모를 정도로 매우 급박한 처지에 있음을 등잔불이나 촛불이 바람 앞에서 언제 꺼질지 모르게 껌벅거리며 나부끼는 모습에 빗대어 표현한 말이다.

이처럼 존망이 달린 매우 위급한 처지를 비유하는 한자성어는 「풍전등화」 외에도 여럿이 있다. 포개 놓은 달걀처럼 몹시 위태로운 형세를 일컫는 「누란지위(累卵之危)」, 백 자나 되는 높은 장대 끝에 있는 것처럼 매우 위태로움을 일컫는 「백척간두(百尺竿頭)」, 「간두지세(竿頭之勢)」도 같은 뜻이다.

❼ 銀燭煒煌 (은촉위황) 银烛炜煌 은 **銀** 촛불 **燭** 빛날 **煒** 빛날 **煌**

은촛대(燭)에 촛불을 켜놓아 방안이 환하게(煒煌) 빛난다.

《천자문》에 있는 말이다.

「흰 비단 부채는 둥글고 깨끗하며, 은빛 나는 촛불은 환하게 빛난다(紈扇圓潔 銀燭煒煌)」

아늑하게 휘장을 친 안방에는 흰 비단(紈)으로 만든 부채(扇)가 놓였고 그 주변(圓)은 깨끗하게(潔) 정돈되어 있다. 은촛대(銀燭)에 촛불을 켜놓아 방안이 환하게(煒煌) 빛난다.

고대 중국에서는 집안을 훤하게 밝히기 위해서 나무 섶을 묶어 횃불을 만들어 사용했다. 이때 땅에 세워놓는 횃불을 「요(燎)」라고 하고, 손에 쥐고 있는 횃불을 「촉(燭)」이라고 하였다. 시간이 흘러 나중에는 밀랍으로 만든 손에 쥐는 횃불, 즉 촉(燭)을 사용하게 되었는데, 그것이 바로 오늘날 우리가 「초」라고 부르는 것의 시작이라고 할 수 있다.

나무 섶을 묶어 만든 횃불보다는 밀랍으로 만든 촉(燭)이 훨씬 사용하기에도 편리할 뿐 아니라 밝기도 우수했다. 그래서 사람들은 촉의 밝음이 마치 은빛과 같다고 하여 「은촉(銀燭)」이라고 부르게 된 것이다. 은(銀)에 비유하여 촉의 귀중함과 밝음을 찬양한 것이다.

「환선」은 흰 비단으로 만든 둥근 부채이고, 「은촉」은 은빛 나는 촛불이다. 비단으로 만든 부채와 밀랍으로 만든 초를 사용할 수 있는 사람이라면 분명 평민은 아닐 것이다.

이 문장은 벼슬에서 은퇴하고 낙향한 군자(君子)의 한적하고 여유로운 삶의 냄새를 느끼게 한다. 둥글고 깨끗한 흰 비단 부채는 속세의 풍속과 관습을 초월한 그의 고결하고 드높은 인품과 삶의 모습을 나타내준다. 「환선」은 군자에게 속세의 삶과 군자의 삶을 구분하여 주는 도구가 된다. 그래서 그것은 스스로 만족하며 즐기는 군자의 삶 자체를 상징한다.

❽ 輝煌燦爛(휘황찬란) 辉煌灿烂 빛날 輝 빛날 煌 빛날 燦 빛날 爛

광채가 빛나서 눈이 부시게 번쩍임.

또 못된 꾀가 많아서 야단스럽기만 하고 믿을 수 없다는 말로도 쓰인다.

輝·煌·燦·爛은 모든 글자에 불 火 변이 붙어 있어서 마치 글자만으로도 불이 난 듯이 훤하고 화려해 보인다.

106. 晝眠夕寐 藍筍象床 (주면석매 남순상상) 昼眠夕寐 蓝笋象床

❶			卜 (복)	晝 (주)	卜 (복)	夜 (야)
❷	高 (고)	枕 (침)	安 (안)	眠 (면)		
❸		朝 (조)	變 (변)	夕 (석)	改 (개)	
❹			寤 (오)	寐 (매)	不 (불)	忘 (망)
❺	青 (청)	出 (출)	於 (어)	藍 (람)		
❻	雨 (우)	後 (후)	竹 (죽)	筍 (순)		
❼		藍 (남)	筍 (순)	象 (상)	床 (상)	
❽			同 (동)	床 (상)	異 (이)	夢 (몽)

풀이

❶ 卜晝卜夜(복주복야) 卜昼卜夜

점 卜 낮 晝 밤 夜

절제하지 못하고 밤낮 놀기만 하는 사람을 비유하는 말이다.

《좌전》 장공 22년에 다음과 같은 이야기가 있다.

제환공 조상(彫像)

춘추시대 진(陳)나라에 경중(敬中)이라는 사람이 있었는데, 그는 진선공과 형제간이었다. 진선공이 총희(寵姬)의 몸에서 나온 아들을 태자로 삼기 위해 처음 태자로 봉했던 큰아들 어구(御寇)를 살해하자, 어구의 편에 서 있던 경중은 진나라에 있을 수가 없어 제(齊)나라로 도망치고 말았다. 이때 제환공은 경중을 따뜻하게 대해 주면서 그에게 경(卿)이라는 벼슬까지 내렸다. 그러나 그가 받지 않자 다시 공정(工正)이라는 벼슬을 내리게 되었다.

어느 날, 제환공이 경중의 집으로 놀러오자 경중은 왕에게 술을 대접했는데, 술을 마시는 제환공은 어찌나 기뻤던지 날이 어두워져도 계속 마시려는 것이었다. 이에 경중은 다음과 같은 말로 돌아가기를 권고했다고 한다.

「신은 낮에 대왕을 모시고 놀 것을 준비했을 따름으로, 밤에까지 계속 놀리라고는 생각하지 못했습니다. 신이 감히 대왕을 만류하지 못함을 용서해 주십시오(臣卜其晝 未卜其夜 不敢)」

「복주복야」는 밤낮으로 계속 술을 마시고 노는 것을 가리키는 말로, 낮과 밤의 운수나 길흉을 점친다는 뜻도 내포하고 있다.

❷ 高枕安眠 (고침안면)

高枕安眠　높을 **高** 베개 **枕** 눈 **眼** 잠잘 **眠**

베개를 높이 하고 편안히 지낸다는 뜻으로, 근심 없이 편히 잠을 잘 수 있을 만큼 평온한 상태라는 말. 「고침이와(高枕而臥)」라고도 한다.

《전국책》 위책에 있는 이야기다.

소진동(蘇秦洞, 소진이 귀곡자에게 사사한 동굴)

소진(蘇秦)은 동주(東周) 낙양 사람이다. 동쪽 제(齊)나라로 가서 스승을 찾아 귀곡선생(鬼谷先生)에게 학습했다. 장의(張儀)는 위(魏)나라 사람이다. 일찍이 소진과 함께 귀곡선생을 스승으로 모시고 유세술(遊說術)을 배웠는데 소진은 스스로 장의에 미치지 못한다고 여겼다.

소진은 장의와 더불어 전국시대 중엽 중국 전토를 세 치 혀(舌)와 두 다리를 가지고 뒤흔든 큰 책사이며, 권모술수의 대가이다. 세치 혀의 능변(能辯)과 두 다리로 주름잡고 돌아다닌 나라가 소위 당시의 7국(연·제·조·한·위·초·진)에 걸친 것을 뜻한다.

소진과 장의는 종횡가(縱橫家)로서 유명한데, 소진은 합종책(合縱策),

장의는 연횡책(連衡策)을 주장했다.

귀곡자

합종책이란 한(韓)·위(魏)·조(趙)·연(燕)·제(齊)·초(楚) 여섯 나라가 동맹하여 진(秦)나라에 대항하는 것이다.

이러한 소진의 합종책을 뒤집어 진나라로 하여금 유리한 위치에 서게 한 사람이 바로 장의였다. 장의의 연횡책이란 여섯 나라가 각각 진나라와 손잡는 것이지만 실은 진나라에 복종하는 것이었다.

장의는 본래 진나라 혜문왕(惠文王)의 신임을 받았다. 장의는 진나라의 무력을 배경으로 이웃나라를 압박했다. 진나라 혜문왕 10년(BC 328)에는 장의 자신이 진나라 군사를 이끌고 위나라를 침략했다. 그 후 위나라의 재상이 된 장의는 진나라를 위해 위나라 애왕(哀王)에게 합종을 탈퇴하고 연횡에 가담할 것을 권했으나 받아들여지지가 않았다.

그러자 진나라는 본보기로 한나라를 공격하고 8만에 이르는 군사를 죽였다. 이 소식을 전해들은 애왕은 잠을 이루지 못했다. 일이 이렇게 되자, 위의 애왕뿐만 아니라 다른 제후들도 위협을 느껴 불안에 떨었다. 이 기회를 포착한 장의는 애왕에게 말했다.

「위나라는 영토도 좁고, 병사도 적습니다. 그런데 사방으로 초나라와 한나라 같은 강력한 제후들이 핍박하고 있습니다. 위나라는 열국의 통로가 될 가능성이 많습니다. 남은 초, 서는 한, 북은 조, 동은 제와 국경을 이웃해서 그 어떤 나라와 동맹을 맺어도 다른 나라의 원한을 삽니

장 의

다. 또, 진이 위와 조의 길을 끊고 한나라를 설득해서 위를 공격한다면 어떻게 되겠습니까. 진나라를 섬기는 것이 최상입니다. 만일 진나라를 섬기게 되면 초나라나 한나라가 감히 공격하지 못할 것입니다. 초나라와 한나라로부터의 재앙만 없다면 대왕께서는 베개를 높이 하고 몸을 뉘어 편안히 잘 수가 있을 것이고 나라에도 근심이 없을 것입니다(然以事秦 則楚韓不敢動 無楚韓之患 則大王高枕而臥安眠 國必無憂矣)」

여기에다 진의 목적이 초에 있으므로 진과 위가 함께 초를 공격하여 초를 나누어 갖자는 미끼까지 던져 꾀었다. 결국 위나라 애왕은 합종에서 빠져나와 진나라와 우호동맹조약을 맺었다. 장의는 이 일을 시작으로 나머지 다섯 나라를 차례로 설득하여 마침내 주(周)나라 난왕(赧王) 4년(BC 311)에 연횡을 성립시켰다. 그러나 이는 6국을 진에 헌상하려는 장의의 계책에 불과할 뿐이었다.

❸ 朝變夕改 (조변석개) 朝変夕改 아침 **朝** 변할 **變** 저녁 **夕** 고칠 **改**

한번 세운 계획이나 정해진 결정 따위를 일관성이 없이 자주 고치는 것을 말하는 한자성어로 조석변개(朝夕變改), 조개모변(朝改暮變)이라고도 한다.

아침에 바꾼 것을 저녁에 다시 또 고친다는 뜻으로, 규칙이나 계획이 너무 자주 바뀔 때 쓰는 말이다. 이익집단이나 개인의 이해관계에 따라 나라의 정책 또는 법령이 자주 바뀌는 것을 가리키기도 한다.

변덕스러운 성질이나 태도뿐만 아니라 어떤 명령이나 계획 및 결정을 이랬다저랬다 일정하게 정해놓은 때 없이 그때그때의 상황에 따라 자주 변경하는 것을 말한다.

아침에 내린 명령을 저녁에 또다시 고친다는 뜻으로 쓰여 법률이나 명령이 자주 뒤바뀌어 일관성이 없는 것을 나타내는 조령모개(朝令暮改)와 비슷한 말이다.

❹ 寤寐不忘(오매불망) 寤寐不忘 깰 **寤** 잘 **寐** 아니 **不** 잊을 **忘**

글자 그대로 「자나 깨나 잊지 못한다」는 것이 「오매불망」이다. 보통 사랑하는 연인이 그리워서 잊지 못하는 경우에 많이 쓴다. 《시경》 국풍(國風) 맨 첫 편인 관저(關雎)에 나오는 말이다.

주문왕

꽉꽉 우는 물새는
모래톱에 있네.
요조한 숙녀는
군자의 좋은 짝이로다.
들쭉날쭉한 마름 풀을

이리저리 찾는구나.
요조한 숙녀를
자나 깨나 구한다.
구해도 얻을 수 없으니
자나 깨나 생각한다.
생각하고 생각하며
이리 뒤척 저리 뒤척 하네.

關關雎鳩　在河之洲　관관저구 재하지주
窈窕淑女　君子好逑　요조숙녀 군자호구
參差荇菜　左右流之　참차행채 좌우유지
窈窕淑女　寤寐求之　요조숙녀 오매구지
求之不得　寤寐思服　구지부득 오매사복
悠哉悠哉　輾轉反側　유재유재　전전반측

문왕의 아내 태사

여기서 군자는 문왕(文王)을 가리키고 숙녀는 문왕의 아내인 태사(太姒)를 가리킨다. 이 시에서 얌전하고 조용한 여자라는 뜻의 「요조숙녀(窈窕淑女)」란 말과 자나 깨나 구한다는 「오매구지」, 자나 깨나 생각한다는 「오매사복」이란 성구가 나오고, 또한 「전전반측(輾轉反側)」이란 말도 나오는데, 오매불망과 비슷한 뜻이다.

공자는 후에 이 시의 아름다움을 극찬하여, 《논어》 팔일편에서, 「즐거워하되 지나치지 않고, 슬퍼하되 몸을 해치는 데에는 이르지 않는 것이다(樂而不淫 哀而不傷)」 라고 하였다.

❺ 青出於藍(청출어람) 青出于蓝 푸를 **青** 나올 **出** 어조사 **於** 쪽 **藍**

남(藍)은 「쪽」이라는 풀이름이다. 쪽에서 나온 푸른 색깔이 쪽보다 더 푸르다는 말에서 온 말로서, 제자가 스승보다 낫다는 평을 듣는 것을 말한다.

《순자》 권학편 맨 첫머리에 이렇게 말하고 있다.

「학문은 잠시도 쉬어서는 안된다. 푸른 색깔은 쪽에서 나오지만 쪽보다 더 푸르고, 얼음은 물이 만들지만 물보다 차다(學不可以已 青出於藍而青於藍 氷水爲之而寒於水)」

순 자

학문에 뜻을 둔 사람은 잠시도 게을리 해서는 안된다. 그 예로 쪽이란 풀로 푸른 색을 내지만, 사람의 노력이 가해짐으로 해서 그 쪽 자체보다 더 깨끗하고 아름답고 진한 색깔을 낼 수 있다. 얼음은 물이 얼어서 된 것이지만 물에서 얼음이 되는 과정을 거치기 때문에 물보다 더 차가운 성질의 것이 된다. 그러므로 스승에게서 배우기는 하지만, 그것을 더욱 익히고 정진함으로써 스승보다 더 훌륭한 사람이 될 수 있고,

더 깊고 높은 학문과 덕을 갖게 된다는 뜻이다.

이 「청출어람이청어람(青出於藍而青於藍)」이란 말이 약해져서 「출람(出藍)」이 된 것으로, 그것은 곧 푸른색이란 뜻이 된다. 푸른색은 쪽에서 나와 쪽보다 푸른 것이므로 그것은 먼저 것보다 뒤의 것이 더 훌륭하다는 뜻이 된다. 즉 스승보다 제자가 나은 것을 말한다.

「출람지예(出藍之譽)」라고도 한다.

❻ 雨後竹筍(우후죽순) 雨后竹笋 비 雨 뒤 後 대 竹 죽순 筍

비가 온 뒤에 여기저기 무럭무럭 솟는 죽순이란 뜻으로, 어떠한 일이 한때에 많이 일어나는 것을 비유하여 이르는 말.

죽순은 대나무 땅속줄기에서 솟아나는 연한 순을 가리킨다. 비가 오고 나면 이 죽순이 순식간에 널리 퍼져 솟아난다.

❼ 藍筍象床(남순상상) 蓝笋象牀 쪽 藍 죽순 筍 코끼리 象 평상 床

푸른 죽순으로 엮은 자리와 상아로 꾸민 침상.

《천자문》에 있는 말이다.

「낮잠을 자고 밤잠을 잘 때 푸른 대로 엮은 아름다운 대자리와 상아로 장식한 침상에서 잔다(晝眠夕寐 藍筍象床)」

거처의 청아함과 침상의 안락함은 가정의 행복을 높여주는 것으로 같은 가구라도 남여(藍輿)로 만든 대나무 자리와 상아로 장식한 안락의

자 식 침상은 좋은 거처에 걸맞은 고급 가구임을 설명하는 것이다.

공자의 10대 제자 가운데 재여(宰予 : 재아)는 공자의 제자 가운데 가장 연설과 변론을 잘했고 설득력이 뛰어났다. 그러나 천성이 게을러 공자의 가르침을 잘 따르지 않았다. 재여는 자주 공자의 가르침을 어겼을 뿐 아니라 어떤 때는 은근히 공자를 비난하기도 했다.

그 때문인지 공자는 뛰어난 말재주에도 불구하고, 말과 행동이 다른 재여를 자주 꾸짖었다.

《논어》 공야장편에 있는 이야기다.

일찍이 공자는 제자인 재여를 썩은 나무에 비유하면서 책망한 일이 있었다. 어느 날, 재여가 낮잠을 자고 있는 것을 본 공자는 역정을 내면서 이렇게 말했다.

「썩은 나무로는 조각을 할 수가 없고 분토로 쌓은 담벼락은 흙손질을 할 수가 없다. 재여에 대해서는 뭐라 꾸짖을 나위도 없지 않겠느냐?(朽木不可雕也 糞土之墻 不可杇也 于予與何誅)」

재 여

그러면서 공자는, 자신은 사람을 평가할 때 여태까지 그 말만 듣고 그 행동을 믿었는데, 재여(宰予)로 인해 사람을 평가할 때 그 말을 듣고 그 행동까지 함께 살피게 되었다고 했다. 공자는 뛰어난 말재주만 믿고, 「낮에 졸고 밤에는 자며(晝眠夕寐)」 학문을 게을리 하는 재여의 행동에 화가 치민 것이다.

❽ 同床異夢 (동상이몽) 同床异梦 같을 **同** 평상 **床** 다를 **異** 꿈 **夢**

두 사람이 같은 잠자리에 자면서 각기 다른 꿈을 꾼다. 즉 일을 함께 하면서 각자 생각이 다른 것.

서로 같은 처지에 있으면서도 그 생각이나 이상이 다르거나 겉으로는 함께 행동하면서도 속으로는 다른 생각을 갖는 것을 가리킨다.

「상(床)」은 평상 또는 잠자리를 가리킨다. 예로부터 침대를 써왔던 중국에서는 나무로 다리를 세우고 그 위에 널빤지를 대어 잠자리로 이용하였는데 이를 상(床)이라고 한다.

우리나라처럼 온돌방 문화가 자리 잡은 경우에는 방바닥 잠자리를 상(床)이라고 할 수 있다. 이 잠자리에서 일어나는 것을 기상(起床)이라 하고, 병자가 앓아누운 자리를 가리켜 병상(病床)이라고 한다. 동상(同床)이란 「잠자리를 같이 하다」라는 뜻이다.

남송의 진량이라는 사람은 전에 주희(朱熹)와 만나서 담소했던 정원의 정자 이름을 포슬(抱膝 ; 상대가 없어 무릎을 껴안고 혼자 있다)이라고 지었다. 그러자 친구인 섭적(葉適)과 진부량(陳傅良)이 「포슬음(抱膝吟)」이라는 제목의 시를 지어 이를 기념했다.

그러나 시구는 교묘했지만 내용은 제각기 달랐고 제갈량의 고사에 얽매인다든지 하여 진량이 의도한 바가 반영되어 있지 않았다. 그래서 그는 섭섭한 심정을 「주원회에게 주는 비서(與朱元晦秘書)」라는 글에 적어 넣었다. 그 글에 동상이몽이라는 말이 쓰였는데 그 내용은 다음과 같다.

「……같은 잠자리에서 잔다 하더라도 제각각 다른 꿈을 꾸는 법(同

床各做夢). 공자도 꿈에 주공(周公 : 주나라 건국초의 공신 무왕의 동생 주공 단)을 만나지 못하게 된 것을 한탄했는데, 이는 공자의 이상이 주공과 뜻을 같이하는 것이었음에도 불구하고 꿈에서 만나는 것을 배우지는 못했던 것이다. 그러니 어찌 제갈량에게 포슬이 있다고 해서 나의 심정과 꼭 같다고 간주하고, 일일이 제갈량에 대해 언급할 필요 따위가 있을 것인가!」

여기서 「동상각주몽(同床各做夢)」이 「동상이몽」이 되었다.

107. 絃歌酒讌 接杯擧觴 (현가주연 접배거상) 絃歌酒讌 接杯擧觴

❶ 伯牙絶絃 (백아절현)

❷ 采薇之歌 (채미지가)

❸ 狗猛酒酸 (구맹주산)

❹ 絃歌酒讌 (현가주연)

❺ 應接不暇 (응접불가)

❻ 杯中蛇影 (배중사영)

❼ 擧一反三 (거일반삼)

❽ 曲水流觴 (곡수유상)

풀이

❶ 伯牙絶絃 (백아절현)

伯牙絶絃 맏이 **伯** 어금니 **牙** 끊을 **絶** 악기줄 **絃**

자기를 알아주는 절친한 친구의 죽음. 또는 그 죽음을 슬퍼함.

《열자》 탕문편(湯問篇)에 있는 이야기다.

춘추시대 백아(伯牙)라는 거문고의 명수가 있었다. 그런데 그에게는 그의 연주를 누구보다도 잘 이해해 주는 종자기(種子期)라는 친구가 있었다. 종자기는 백아가 연주를 하면 백아가 그리고 있는 악상을 그대로 이해해내는 친구였다. 백아가 높은 산을 주제로 연주를 하면 곁에서 귀를 기울이고 있던 종자기는 탄성을 질러 말했다.

「아, 마치 높이 치솟은 태산(泰山) 같구나!」

또 백아가 흐르는 강을 주제로 연주를 하면,

「참으로 훌륭하도다! 도도하게 흐르는 황하(黃河)와도 같구나!」

백아와 종자기

이런 식이라 백아가 마음속으로 생각하고 거문고에 의탁하는 기분을 종자기는 정확하게 들어 판단해서 틀리는 법이 없었다.

어느 때의 일이다. 두 사람은 함께 태산 깊숙이 들어간 일이 있었다. 그 도중에서 갑자기 큰 비를 만나 두 사람은 바위 밑에 은신했는데, 아무리 시간이 흘러도 비는 그치지 않고 물에 씻겨 흐르는 토사 소리는

지음도(知音圖, 작자 미상)

요란했다. 겁에 질려 덜덜 떨면서도 역시 거문고의 명수인 백아는 거문고를 집어 들고 서서히 타기 시작했다. 처음에는 임우지곡(霖雨之曲), 다음에는 붕산지곡(崩山之曲), 한 곡을 끝낼 때마다 여전히 종자기는 정확하게 그 곡의 취지를 알아맞히고는 칭찬해 주었다.

그것은 언제나의 일이었으나, 그 때는 때가 때인 만큼, 백아는 울음을 터뜨릴 정도의 감격을 느끼고 느닷없이 거문고를 내려놓더니 감탄하며 말했다.

「아아, 이건 굉장하구나! 자네의 듣는 귀는 정말 굉장하군. 자네 그 마음의 깊이는 내 맘 그대로 아닌가. 자네 앞에서는 거문고 소리를 속일 수가 없네!」

그러나 그 후 얼마 지나지 않아 불행하게도 종자기는 병을 얻어 죽고 말았다. 그러자 백아는 그토록 거문고에 정혼(精魂)을 기울여 일세의 명인으로 불리어졌음에도 불구하고 그 애용하던 거문고의 줄을 끊어버리고 죽을 때까지 두 번 다시 거문고를 손에 들지 않았다. 그것은 종자기라는 얻기 어려운 친구, 다시 말해서 자기 거문고 소리를 틀림없이 들어주는 친구를 잃은 비탄에서였다고 한다.

이 이야기는 참된 예술의 정신이라고 할 만한 것을 시사해 준다. 그러나 예술의 세계만은 아니다. 어느 시대에도 또 어떤 사회에서도 내가 하는 일, 아니 그 일을 지탱해 나가고 있는 나의 기분을 남김없이 이해해 주는 참된 우인지기(友人知己)를 갖는다는 것은 무상의 행복이고, 또 그런 우인지기를 잃는 것은 보상받을 수 없는 불행인 것이다.

우인 지기의 죽음을 슬퍼할 때 곧잘 사람들은 이 「백아절현」을 말하며 유감의 뜻을 표명하곤 한다. 진실로 백아와 종자기 같은 교정을 맺고 있는 우인 지기는 그리 많을 수가 없다. 또 지기(知己)를 「지음(知音)」이라고 하는 것도 이 고사에서 나왔다.

❷ 采薇之歌(채미지가) 采薇之歌 캘 采 고비 薇 갈 之 노래 歌

고사리를 캐며 부르는 노래.

백이(伯夷)와 숙제(叔齊) 두 형제가, 불의로 천하를 얻은 무왕의 주(周)나라 곡식을 먹을 수 없다 하여, 수양산에 숨어 고사리를 캐먹다가 굶어 죽었다는 이야기는 너무도 유명하다. 《사기》 백이열전에서 사마천은 이렇게 쓰고 있다. 공자는 말하기를,

「백이와 숙제는 지나간 잘못을 생각에 두지 않았다(不念舊惡). 그래서 사람들이 그들을 원망하는 일이 적었다」라고 하고, 또 말하기를, 「어진 것을 바라고 어진 일을 했으니(求仁得仁) 무슨 원망이 있었겠는가」라고 했다.

그러나 나는 백이 숙제가 겪은 일들을 슬퍼하고 있으며, 기록에 없이 전해 오고 있는 그의 시를 읽어 보고 공자가 한 말에 의심을 품지 않을 수 없다. 그들의 전기에 보면 이렇게 말했다.

백이와 숙제는 고죽(孤竹) 임금의 두 아들이었다. 아버지는 숙제에게 나라를 물려주려 했다. 아버지가 죽자, 숙제는 형인 백이에게 뒤를 이으

수양산의 백이숙제

라고 했다. 백이는 아버지의 명령이라면서 피해 숨어버렸다. 숙제도 임금 자리에 앉기가 달갑지 않아 피해 숨었다. 그래서 신하들은 가운데 아들로 임금을 세웠다.

그러자 백이와 숙제는 서백(西伯 : 뒷날의 文王)이 늙은이 대우를 잘 한다는 말을 듣고 주나라로 갔다. 그런데 서백이 죽자, 그의 아들 무왕이 주(紂)를 쳤다. 두 형제는 무왕의 말고삐를 잡고 옳지 못하다는 것을 말했다. 좌우의 시신들이 그들을 죽이려고 했으나, 총대장인 태공(太公)이 「이들은 의로운 사람이다」 하고 붙들어 돌려보냈다.

무왕이 주를 무찌르자, 온 천하가 주나라를 종주국으로 떠받들었다. 백이와 숙제는 반역과 살육으로 천하를 차지한 무왕의 지배 아래 사는 것이 부끄러운 생각이 들었다. 그래서 도의상 주나라의 곡식을 먹을 수 없다 하고, 수양산에 숨어 고사리를 캐먹었다.

그들이 굶주려 죽을 무렵 노래를 지었는데, 그 가사에 말하기를,

저 서산에 올라
고사리를 캐도다.
모진 것으로 모진 것을 바꾸고도
그것이 잘못인 줄 모르도다.

신농의 소박함과 우·하 사람이
하루아침에 없어지고 말았으니
나는 어디로 돌아갈 거나?
아아, 슬프다. 이젠 가리라.
운명의 기박함이여.

登彼西山兮	采其薇矣	등피서산혜 채기미의
以暴易暴兮	不知其非矣	이포이포혜 불지기비의
神農虞夏	忽焉沒兮	신농우하 홀언몰혜
我安適歸矣	于嗟徂兮	아안적귀의 우차조혜
命之衰矣		명지쇠의

라고 했다. 그리고 마침내 수양산에서 굶어 죽었다. 이 시로 미루어 볼 때 과연 원망이 없었다고 볼 수 있겠는가. 혹은 또 말하기를,

「하늘은 항상 착한 사람의 편을 든다」고 한다.

그렇다면 백이 숙제는 과연 착한 사람일 수 있겠는가.

이상이 사마천의 백이 숙제에 대한 비평이다. 여기에는 사마천 자신의 세상에 대한 울분이 깃들어 있다.

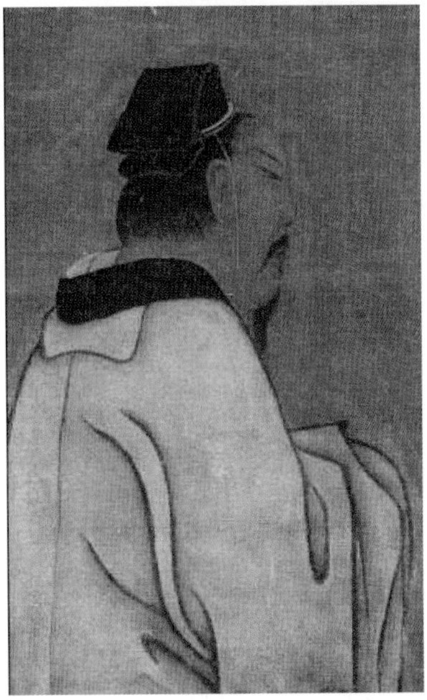
주 무왕

우리나라에선 또 이런 시화(詩話)가 전해지고 있다. 성삼문(成三問)이 중국에 갔던 길에 백이 숙제의 무덤 앞에 찬양의 비문이 새겨진 빗돌에

다 다음과 같은 시를 지어 불렀다.

대의는 당당히 해와 달처럼 밝아
말을 잡던 당년에 감히 잘못을 말했다.
풀과 나무도 또한 주나라 비와 이슬을 먹고 자란다.
당신들이 여전히 수양산 고사리를
먹은 것을 나는 부끄러워한다.

大義堂堂日月明 叩馬當年敢言非 대의당당일월명 고마당년감언비
草木亦沾周雨露 愧君猶食首陽薇 초목역첨주우로 괴군유식수양미

성삼문

그랬더니 빗돌에서 땀이 비 오듯 흘렀다는 것이다. 따지고 보면 곡식이나 고사리나 별 차이가 없는 물건이다. 형식에 불과한 공연한 좁은 생각이요, 위선이기도 하다. 그래서 백이 숙제의 영혼이 바로 죽지 못하고 고사리로 연명을 한 자신들의 소행이 너무도 안타까워 땀을 흘렸다는 이야기가 되었다. 사육신(死六臣)의 주동 인물인 성삼문이니만큼 가히 있음직한 이야기다.

그러나 청대(淸代)의 유명한 고증학자 고염무(顧炎武)의 고증에 의하면, 무왕이 주를 치러 갔을 때는 백이 숙제는 이미 죽고 세상에 없었다 한다. 결국 후세 사람들이 만들어 붙인 이야기에 불과하다고 주장했다.

❸ 狗猛酒酸(구맹주산) 狗勐酒酸 개 狗 사나울 猛 술 酒 실 酸

개가 사나우면 술이 시다는 말로, 한 나라에 간신배가 설치면 현량한 선비가 국사에 참여하지 못해 나라가 쇠퇴해진다는 말이다.

한비자는 군주가 간신배에게 가림을 당하면 현량한 인물이 등용되지 못한다고 생각했다. 그는 그런 까닭을 그럴 듯한 비유를 들어 설명했다.

《한비자》 외저설편에 있는 말이다.

송나라 사람으로 술을 파는 사람이 있었다. 그는 파는 술의 양에 대해서 매우 양심적이었고, 손님을 공손하게 대했으며, 술을 만드는 재주도 매우 뛰어났다. 그러나 술을 판다는 깃발을 아주 높이 내걸었지만 왠지 술이 팔리지 않아 남은 술이 곧잘 시곤 했다. 그 이유를 이상히 여겨 평소 알고 지내던 마을의 어른인 양천(楊倩)에게 물었다.

「당신 집 개가 사납소?」

술집 주인이 말했다.

「개가 사납다고 해서 술이 팔리지 않는 것은 무슨 이유입니까?」

양천이 말했다.

「사람들이 무서워하기 때문이라네. 어떤 사람이 어린 자식을 시켜 돈을 가지고 호리병에 술을 받아오게 했다. 그런데 개가 달려나와 그 아이를 물었다네. 이것이 술이 팔리지 않아 시어지는 이유지」

한비자는 나라를 다스리는 방법을 알고 있는 선비가 책략을 군주에게 알려주려고 해도 사나운 개 같은 무리가 있으면 불가능함을 강조했다.

④ 紘歌酒讌 (현가주연)

紘歌酒讌 줄 **紘** 노래 **歌** 술 **酒** 잔치 讌

거문고 줄을 타고 노래와 술을 마시며 잔치를 한다.

《천자문》에 있는 말이다.

「현악기로 노래하며 술로 잔치하고, 술잔을 받고 잔을 든다(紘歌酒讌 接杯擧觴)」

친한 사람을 청해 거문고(紘)를 타고 노래하며(歌) 흥겨운 술자리(酒讌)를 여니 잔(杯)을 서로 권하고(接) 술잔(觴)을 들어(擧) 마시며 마냥 즐겁게 보낸다.

「현(紘)」은 줄로 만든 악기로 거문고 · 가야금 · 비파 같은 것이고, 「가(歌)」는 시 · 시조 · 노래를 말하는 것으로, 손을 청하여 즐겁게 노는 모습을 말한다.

「접배거상(接杯擧觴)」은 잔치판에서 개인이 튀는 것을 막기 위한 하나의 제도이다. 여기서 「상(觴)」은 옛날에는 뿔잔을 사용하였기 때문이며, 잔을 말린다는 건배(乾杯)는 술잔의 술을 상대방의 진심으로 생각하여 단숨에 받아들이기 위한 것이라고도 한다.

《예기(禮記)》 악기(樂記)편에 보면 「한 잔을 올리는 예에도 손과 주인이 마주 절하여 종일 술을 마셔도 취하지 않는다(一獻之禮 賓主百拜 終日飮酒 而不得醉焉)」 하였으니, 이른바 「주도(酒道)」를 말하는 것이다.

❺ 應接不暇 (응접불가)

应接不暇　응할 **應** 접할 **接** 아니 **不** 겨를 **暇**

응접에 겨를이 없다. 몹시 바쁨.

《세설신어(世說新語)》에 있는 말이다.

진(晋)나라 사람으로 아버지 왕희지(王羲之)와 더불어 2왕(王)으로 일컬어질 만큼 유명한 서예가요 고관이었던 왕헌지(王獻之)라는 인물이 있다. 그는 한때 북쪽지방의 산음(山陰)이라는 곳을 여행한 적이 있었는데, 그 경치의 수려함을 이야기한 가운데 이 「응접불가」라는 멋진 말을 남겼다.

왕헌지

「산음의 길은 장관이다. 길을 걸으면 높게 솟은 산과 깊은 개울이 연이어 나타난다. 그것들이 서로 그림자를 비치고 빛나며 스스로 아름다움을 다투어 나타내 그 응접에 겨를이 없을 정도다. 단풍이 들고 하늘이 높은 가을과 쓸쓸한 겨울에는 다른 생각조차 모두 잊게 된다」

얼마나 멋진 풍경이 연이어 나타났으면,

「일일이 다 맞이할 겨를이 없다」고까지 말을 하였을까.

오늘날 그저 새로운 사건이 잇닿는 것을 뜻하는 이 말은 원래는 이렇게 아름다운 경치를 표현하는 멋진 찬사였다.

❻ 杯中蛇影 (배중사영) 杯中蛇影 잔 **杯** 가운데 **中** 뱀 **蛇** 그림자 **影**

쓸데없는 일을 의심하여 근심을 만듦.

「노루가 제 방귀에 놀란다」는 속담이 있다. 말뚝에 제 옷자락이 박혀 「이놈아 놓아라, 이놈아 놓아라!」하며 밤을 새웠다는 옛이야기도 있다.

마음이 약한 사람이 엉뚱한 것을 보고 귀신이나 괴물인 줄로 잘못 아는 것을 가리켜 「배중사영(杯中蛇影)」이라고 한다. 「잔속에 비친 뱀의 그림자」란 뜻이다.

벽에 걸린 활이 뱀의 그림자처럼 잔 속에 비치는 바람에 그 술을 마시고 병이 들었다는 이야기에서 나온 말이다.

후한 말기의 학자 응소(應劭)가 지은 《풍속통》에 이런 웃지 못 할 얘기가 있다.

「세상에는 이상한 것을 보고 놀라 스스로 병이 되는 사람이 많다. ……우리 할아버지 응빈(應郴)이 급현(汲縣)의 원이 되었을 때의 일이다. 하짓날 문안을 온 주부(主簿 : 수석 사무관) 두선(杜宣)에게 술을 대접했다. 마침 북쪽 벽에 빨간 칠을 한 활이 하나 걸려 있었는데, 그것이 잔에 든 술에 흡사 뱀처럼 비쳤다. 두선은 오싹 놀랐으나 상관의 앞이라서 그냥 아무 말도 못하고 억지로 마셨다.

그런데 그날로 가슴과 배가 몹시 아프기 시작, 음식을 먹지 못하고 설사만 계속했다. 그 후로도 아무리 해도 낫지 않았다. 그 뒤 할아버지께서 볼 일도 있고 해서 두선의 집으로 문병을 가서 병이 나게 된 까닭을 물었더니, 두선은 사실대로 이야기했다.

집으로 돌아온 할아버지는 두선에게서 들은 이야기를 놓고 여러 모로 생각한 끝에 벽에 걸린 활을 돌아보더니, 『저것이 틀림없다』 하고, 사람을 보내 두선을 가마에 태워 곱게 데려오게 했다. 그리고는 술자리를 마련하고 자리를 전과 똑같은 위치에 차리고 술을 따라 전과 같이 뱀의 그림자가 비치게 한 다음 그에게 말하기를, 『보게, 이건 벽에 걸린 활의 그림자가 술에 비친 걸세. 괴물이 무슨 괴물이란 말인가』 하고 일러주었다. 그러자 두선은 갑자기 새 정신이 들며 모든 아픈 증세가 다 없어졌다」

이 응빈의 옛이야기에서 공연한 헛것을 보고 놀라 속을 썩이는 것을 가리켜 후세 사람들이 「배중사영」이라고 한다.

의심을 품으면 아무것도 아닌 것에도 신경을 쓴다는 것으로 이 말이 쓰이게 되었다. 「배중(杯中)의 사영(蛇影)일 뿐」 하면 별로 걱정할 것이 못된다는 말이 된다. 「의심이 암귀를 낳는다(疑心生暗鬼)」 라는 말과 일맥상통되는 말이다. 굳이 요새말로 하면 노이로제라고 할 수 있을 것이다.

응빈은 차분하고 눈이 밝은 사람이었던 모양이다. 또 현 관청에 나타난다는 도깨비를 여우라고 간파한 이야기도 있다. 후에 좌복야(左僕射)까지 올랐으나, 우연히 뜻하지 않은 일에 연좌되어 불행하게 세상을 떠났다.

❼ 擧一反三 (거일반삼)

擧一反叁　　들 **擧** 한 一 되돌릴 **反** 석 三

원래는 한 귀퉁이를 가리키면 나머지 세 귀퉁이도 미루어 헤아릴 수 있다는 뜻으로, 한 가지를 가르치면 세 가지를 알 수 있을 정도로 영리하거나 지혜가 있음을 비유할 때 쓰는 말이다.

《논어》 술이(述而)편에 있는 말이다. 공자가 말했다.

「분발하지 않으면 열어 가르쳐주지 않고, 표현하고자 하나 제대로 표현하지 못해 더듬거릴 정도에 이르지 않으면 일으켜 주지 않는다. 한 귀퉁이를 들어 가르쳐 주었는데도 나머지 세 귀퉁이를 미루어 알지 못하면 되풀이하지 않는다(擧一隅 不以隅三 則不復也)」

이 글은 공자의 교육 방법을 제시한 것이라 할 수 있다. 공자는 학문을 좋아하여 마음속으로부터 분발하여 의욕을 나타내는 제자들에게 그 다음 단계를 열어서 보여주며, 하나라도 알고 싶어 애태우는 제자에게 해답을 가르쳐주고, 하나를 들어주어 세 가지를 이해할 만큼 무르익을 때까지는 또 다른 것을 가르쳐주지 않았다.

이러한 공자의 교육 방법은 지식의 일방적인 전달을 배제하고 제자들의 참여를 유도하는 것이다. 공자의 제자 가운데 안회(顔回)가 있었는데 특히 학문에 뛰어났다. 그는 하나를 들으면 열을 안다고 해서 「문일지십(聞一知十)」이라는 칭송을 공자로부터 들었다.

맹자도 「군자삼락(君子三樂)」에서 영재를 얻어 교육시키는 것을 즐거움으로 삼았으니, 어쨌든 빼어난 인재를 얻기란 힘들기도 하고 또 얻었을 때는 보람 있는 일이다.

❽ 曲水流觴 (곡수유상) 曲水流觴 굽을 **曲** 물 **水** 흐를 **流** 잔 **觴**

곡수연(曲水宴)이라 하여, 삼월 삼짇날, 굽이도는 물에 잔을 띄워 그

잔이 자기 앞에 오기 전에 시를 짓던 놀이를 말한다.

옛날 선비들이 음력 3월 삼짇날, 정원의 곡수(曲水)에 술잔을 띄우고 자기 앞으로 떠내려 올 때까지 시를 읊던 연회로서 「곡강연(曲江宴)」이라고도 한다.

난정곡수도(蘭亭曲水圖, 日 화가 山本若麟)

《진서》 왕희지전(王羲之傳)에 있는 말이다.

진나라 영화(永和) 9년 봄에 왕희지가 문인들을 난정(蘭亭)에 불러 곡수연을 베풀었다고 적혀 있다. 이것이 궁중의 놀이가 된 것은 수·당(隨唐)의 시대로 보인다.

우리나라에서는 신라시대에 당나라를 모방하여 금성(경주)의 포석정에서 왕이 귀족·문사들과 함께 곡수연을 열었다.

108. 矯手頓足 悅豫且康 矫手顿足 悦豫且康

(교수돈족 열예차강)

❶ 矯角殺牛 (교각살우)

❷ 一擧手一投足 (일거수일투족)

❸ 陶朱猗頓 (도주의돈)

❹ 畵蛇添足 (화사첨족)

❺ 近悅遠來 (근열원래)

❻ 悅豫且康 (열예차강)

❼ 死且不朽 (사차불후)

❽ 康衢煙月 (강구연월)

풀이

❶ 矯角殺牛 (교각살우) 矫角杀牛 바로잡을 **矯** 뿔 **角** 죽일 **殺** 소 **牛**

소뿔을 바로잡으려다 소를 죽인다. 곧 사소한 일에 지나치게 힘을 쓰려다가 큰일을 그르치는 것의 비유.

굽은 것을 바로잡으려다가 지나치게 곧게 하여 오히려 나쁘게 된다는 뜻의 「교왕과직(矯枉過直)」이나, 작은 것을 탐하다가 큰 손실을 입는다는 뜻의 「소탐대실(小貪大失)」과 비슷한 말이다.

또한 우리 속담의 「빈대 잡으려다 초가삼간(草家三間) 다 태운다」와도 같은 뜻이다.

중국에서는 예전에 종을 처음 만들 때 뿔이 곧게 나 있고 잘 생긴 소의 피를 종에 바르고 제사를 지내는 풍습이 있었다. 한 농부가 제사에 사용할 소의 뿔이 조금 삐뚤어져 있어 균형 있게 바로잡으려고 팽팽하게 뿔을 동여매었더니 뿔이 뿌리째 빠져서 소가 죽었다.

이 이야기에서 유래하였는데, 조그마한 결점을 고치려다가 수단이 지나쳐서 오히려 큰 손해를 입는 경우를 비유한 말이다.

❷ 一擧手一投足 (일거수일투족) 一擧手一投足 한 一 들 **擧** 손 **手** 던질 **投** 발 **足**

약간의 수고. 하나하나의 동작이나 행동. 일거일동.

「일거수일투족」은 글자 그대로는 손 한 번 들고, 발 한 번 뻗는다는 뜻이다. 이것이 지금은 「일거일동(一擧一動)」 즉 어떤 사람의 행동

한 유

을 가리켜 「일거수일투족」이라고 한다.

그러나 애당초 이 문자를 썼을 때의 원래의 뜻은, 겨우 손 한번 까딱하고 발 한번 내딛는 아주 작은 수고라는 뜻이었다.

이 문자를 처음 쓴 사람은 유명한 한유(韓愈)였다.

당송팔대가의 첫손 꼽히는 한유가 과거를 보러 갔을 때, 어느 정부의 높은 관리에게 낸 편지인 「응과목시여인서(應科目時與人書)」 속에 나오는 말이다.

과목(科目)이란 과거시험을 뜻하며, 서(書)는 편지를 말한다. 뜻을 풀어본다면 「과거시험에 응시하면서 사람에게 주는 편지」라고 할 수 있다. 편지의 첫 부분에,

「큰 바다와 강가에는 괴물이 있다. 그것은 흔해빠진 고기나 조개와는 다르다. 그것은 물을 얻게 되면 비바람을 일으키며 하늘을 오르내리는 것도 어렵지가 않다. 그러나 물을 얻기 전에는 그런 힘을 발휘하지 못한다. 그리고 물과의 거리는 겨우 한 발, 두 발, 한 자, 한 치 사이밖에 안된다. 높은 산과 언덕이 가로막고 있는 것도 아니고, 넓은 길과 험한 곳이 가로놓여 있는 것도 아니다. 그러나 그것이 바짝 마른 땅에 있으면서 제 힘으로 물 있는 곳에 가지 못하게 되면 수달피의 웃음거리가 되는 것이 십중팔구다. 만약에 힘이 있는 사람이 그 궁한 모양을 딱하

게 여겨 물 있는 곳으로 끌어다 줄 생각만 한다면 아마 손 한 번 들고 발 한 번 내딛는 수고에 지나지 않을 것이다(如有力者 哀其窮而轉之 蓋一擧手一投足之勞也)」라는 비유로써 말하고 있다.

끝에 가서 또 한 번 「일거수일투족의 수고」를 부탁하고, 당신이 들어주고 안 들어주는 것은 운명일 수밖에 없다는 것을 덧붙여 두고 있다.

결국 자신을 뭍에 있는 용(龍)에다 비유하고, 물을 얻는 것을 과거에 급제하는 것에 비유하여, 급제를 시키고 안 시키고 하는 것은 시험관인 당신의 마음 하나에 달려 있을 뿐, 수고라면 손 한번 까딱하고, 발 한번 내딛는 정도로 아주 쉽게 할 수 있는 일이지만, 자신에게는 크나큰 은혜가 된다는 말이었다. 그러던 것이 오늘날에는 이와는 관계없이 사람이 하는 행동 일체를 가리키는 말이 되어버렸다.

오늘날, 소위 공인이라는 사람들, 정치인·학자·연예인·스포츠맨 등등 사회 지도자들은 「일거수일투족」에 각별한 주의를 기울여야 한다. 그들의 행동거지는 사소한 것이라도 모든 사람들이 주시하고 있다. 자칫 한 순간의 실수로 천국에서 나락으로 급전직하할 수 있기 때문이다.

❸ 陶朱猗頓(도주의돈) 陶走猗顿 질그릇 **陶** 붉을 **朱** 아름다울 **猗** 조아릴 **頓**

춘추시대의 큰 부자이던 「도주(陶朱)」, 「의돈(猗頓)」과 같다는 뜻으로, 큰 부자를 이르는 말.

《사기》 화식열전에 있는 이야기다.

「와신상담(臥薪嘗膽)」에 나오는 월왕(越王) 구천(句踐)은 오(吳)나

구천 조상(雕像)

라의 포로에서 풀려 나온 20년 뒤에, 마침내 오나라를 멸하고 남방의 패자가 되었다.

월왕 구천을 도와 이 날이 있게 한 것은 대부분이 범려(范蠡)의 공로였다. 오나라를 멸하고 상장군이 되어 돌아온 범려는 「나는 새가 죽으면 좋은 활은 광으로 들어가고, 날랜 토끼가 죽으면 사냥개는 삶아 먹힌다」는 옛말의 교훈도 교훈이려니와, 월왕 구천이란 사람이 고생은 같이할 수 있어도 낙은 같이할 수 없는 사람이라는 것을 알기 때문에 보물만을 싣고 월나라를 떠나 바다 건너 멀리 제나라로 갔다.

나라를 부강하게 만들 수 있었던 범려는, 그의 뛰어난 경제적 두뇌로 축재(蓄財)에 힘쓴 나머지 얼마 안 가서 수천만의 재산을 모았다. 그러자 제나라에서는 그가 비범한 사람인 것을 알고 그를 재상으로 맞아들였다. 이 때 범려는 치이자피(鴟夷子皮)라는 이름으로 행세를 했던 것이다. 그러나 범려는 사양하며 말했다.

「집은 천금의 부를 이루고 벼슬은 재상에 올랐으니 이는 평민으로서는 극도에 달한 것이다. 오래 높은 이름을 누린다는 것은 상서롭지 못한 일이다」

범려는 재상의 자리에서 물러나, 있는 재산을 모조리 친구와 고을 사람들에게 나누어 준 다음 값비싼 보물만을 챙겨 가지고는 남몰래 도(陶 : 산동성 도현)란 곳으로 가 숨어 살며 주공(朱公)이란 이름으로 행세를 했다.

범려는 도란 곳이 천하의 중심에 위치하여, 길이 사방으로 통하고 물자의 유통이 원활한 것을 알고, 재산을 모아 무역에 종사함으로써 남에게 해를 끼치는 일 없이 19년 동안에 세 번이나 천금의 재산을 모을 수가 있었다. 이 중 두 번까지는 모은 재산을 가난한 친구와 먼 친척들에게 다 나누어 주었다. 범려야말로 잘 살게 되면 남에게 덕을 입히기를 좋아하는 사람이었다.

범 려

뒤에 그의 나이가 많아지자 모든 일을 자손들에게 맡기게 되었는데, 자손들 역시 그를 닮아 재산을 모으고 불리는 데 남다른 무언가가 있어 억만금의 재산을 모으기에 이르렀다. 그러므로 재산을 부(富)에 대해서 말할 때면 온 세상 사람들이 다 도주공(陶朱公)을 일컫게 되었다.

이야기는 《사기》 화식열전(貨殖列傳)에 나오는 것인데, 이 밖에 《사기》 월세가(越世家)에도 그에 관한 이야기로, 「천금을 가진 부잣집 자식은 저잣거리에서 죽지 않는다(千金之者不死於市)」 라는 재미있는 이야기가 있다.

춘추시대 때 노(魯)나라 의돈(猗頓)이란 사람이 있었다. 원래는 궁사(窮士)였으나 소금과 목축으로 부를 쌓아 의씨(猗氏 : 산서성 안택현)에 살며 왕공(王公)을 능가하는 생활을 했다. 그래서 의돈이라 했다. 이런 까닭으로 세상에서 부를 운운하는 자는 도주공을 말하고, 혹은 의돈의 이름을 말한다. 여기서 부자들을 가리켜 「도의(陶猗)」라 하고 그 부를 「도주의돈의 부(陶朱猗頓之富)」라는 말이 생겼다.

❹ 畵蛇添足 (화사첨족) 畫蛇添足 그림 **畵** 뱀 **蛇** 더할 **添** 발 **足**

쓸데없는 군일을 하다가 도리어 실패함.

보통 「사족」이라고 한다. 「사족」은 뱀의 발이란 말이다. 그릴 필요가 없는 뱀의 발을 그리다가 내기에 지고 말았다는 고사에서, 필요 없는 공연한 것을 가리켜 「사족」이라고 말한다.

《전국책》 제책(齊策)에 있는 이야기다.

초나라 회왕(懷王) 6년(BC 323)의 일이다. 초나라는 영윤(令尹 : 초나라의 관직명으로 재상)인 소양(昭陽)에게 군사를 주어 위(魏)를 치게 했다. 소양은 위를 격파하고 다시 군사를 이동시켜 제(齊)를 공격하려고 했다. 제의 민왕(閔王)은 이것을 우려하여 마침 진(秦)의 사신으로서 내조(來朝)하고 있던 진진(陳軫)에게 어떻게 하면 좋은가 하고 의논했다.

「걱정하실 필요는 없습니다. 제가 가서 초(楚)에게 싸움을 중지시키겠습니다」

진진은 곧 초군으로 달려가 진중에서 소양과 회견하며 말했다.

「초나라에선 전쟁에 크게 승리하면 어떤 벼슬을 줍니까?」

「벼슬은 상주국(上柱國), 작(爵)은 상집규(上執珪)가 되겠지요」

「그보다 더 높은 지위는 무엇입니까?」

「영윤이 있을 뿐입니다」

「그럼 영윤이 된 사람에게는 관작을 높일 수가 없지 않습니까. 제가

장군을 위해 비유 이야기를 하나 하겠습니다」하고 다음과 같은 이야기를 했다.

여러 사람이 술 한 대접을 놓고 혼자 다 마실 내기를 했다. 내기는 땅바닥에 뱀을 먼저 그리는 것이었다.

한 사람이 뱀을 제일 먼저 그렸다. 그는 술은 내 것이다, 하고 왼쪽 손으로 술잔을 들고 오른손으로는 계속 뱀의 발을 그리면서 「나는 발까지 그릴 수 있다」고 뽐냈다.

그러나 그가 미처 발을 다 그리지 않아서 다른 사람이 뱀 그리기를 마치고 술잔을 빼앗아 들더니,

「뱀은 원래 발이 없다. 그런데 자네는 발까지 그렸으니, 발을 그린 뱀은 뱀이 아니다」하고 술을 쭉 들이켜고 말았다.

이야기를 마친 진진은 이렇게 결론을 내렸다.

「장군은 초나라 영윤으로서 위나라를 쳐서 전쟁에 이기고 장군을 죽이고, 성을 여덟을 점령한 다음 다시 제나라를 치려하고 계십니다. 제나라에서는 장군을 무서워하고 있습니다. 이제 장군의 명성은 더 바랄 것이 없게 되었습니다. 그러나 그로 인해 장군에게 더 돌아갈 것이 무엇이겠습니까. 만일 제나라와의 싸움에서 만에 하나 실수라도 한다면 뱀의 발을 그리려다 전부를 잃게 되는 꼴이 되지 않는다고 누가 장담하겠습니까」

소양은 과연 그렇겠다 싶어 군대를 거두어 철수하고 말았다.

이 이야기에서 아무 도움도 되지 않는 공연한 것을 가리켜 「사족」이라고 하게 되었다.

❺ 近悅遠來 (근열원래) 近悦远来 가까울 **近** 기쁠 **悅** 멀 **遠** 올 **來**

좋은 정치의 덕이 널리 미침.

가까운 주변 사람들이 기뻐하면 멀리 있는 사람들도 소식을 듣고 그 나라에 귀의하는 법이다. 《논어》 자로(子路)편에 있는 말이다.

공 자

춘추시대 공자가 위(衛)·조(曹)·송(宋)·정(鄭)·진(陣)·채(蔡) 등 여러 나라를 돌아보고 초(楚)나라에 들렀을 때였다. 어느 날, 초나라의 대부인 심저량(沈諸梁)이 공자에게 정치를 어떻게 하면 좋으냐고 물었다.

그러자 공자는, 「가까이 있는 사람들이 기뻐하면 먼 곳에 있는 사람들이 오게 되지요(近者悅 遠者來)」라고 간단히 대답하였다.

「근열원래」는 바로 공자가 말한 「근자열 원자래(近者悅 遠者來)」가 줄어서 이루어진 말인데, 이 말의 뜻은 경내의 백성들을 이롭게 하여 그들이 기뻐하도록 하면 멀리 떨어진 경외의 사람들도 소문에 이끌리게 되어 찾아와 의지한다는 것이다.

나중에 사람들은 「근열원래」라는 말로써 한 나라나 한 지방이 잘 다스려지는 것을 비유하게 되었다.

❻ 悅豫且康 (열예차강)

悅豫且康 기쁠 **悅** 기쁠 **豫** 또 **且** 편안할 **康**

「손을 굽혔다 펴고 발을 굴러 춤을 추니 기쁘고도 즐겁구나(矯手頓足 悅豫且康)」

술자리에서 흥이 나면 손(手)을 들어올려(矯) 흔들고 발(足)을 굴러(頓) 춤을 추기도 하니 모두 기쁘고(悅) 즐거우니(豫) 이 또한(且) 편안하여(康) 세상의 근심 걱정을 잊어버린다.

《천자문》에 있는 말이다.

고대 중국의 지식인들이 반드시 배워야 할 학문에는 시가(詩歌)와 함께 음악 그리고 춤이 있었다.

옛날에 가정에서 가장 중시되는 일이 봉제사(奉祭祀, 제사를 모시는 일)이고, 다음에 손님 접대를 잘하는 일이다.

이 구절은 빈객들과 술을 마시다가 흥에 겨우면 음악에 맞추어 춤을 추니 기쁘고 즐거우며 강녕(康寧)해진다는 말이다.

《문선》에 있는 반악(潘岳)의 한거부(閑居賦)에 「음악이 들려오자 발을 굴러 일어나 춤을 추고 소리 높여 노래한다」고 했다.

음주가무의 즐거움을 설명한 글이다.

❼ 死且不朽 (사차불후)

死且不朽 죽을 **死** 또 **且** 아니 **不** 썩을 **朽**

죽더라도 썩지 아니함. 곧 몸은 죽어 없어져도 명성만은 후세에 길이 전함. 《춘추좌씨전(春秋左氏傳)》

❽ 康衢煙月 (강구연월)

康衢烟月 편안할 **康** 네거리 **衢** 연기 **煙** 달 **月**

태평성대의 평화로운 풍경

《열자(列子)》 중니(仲尼)편 「강구요(康衢謠)」에 있는 말이다.

「강구요」는 중국 요임금이 나라를 다스린 지 50년이 되어 민심을 살피려고 나온 길에 장바닥에서 놀고 있던 아이들이 불렀다는 노래로서, 그 가사는 이렇다.

우리 모두 잘 사는 것은
임금님의 지극함 아닌 것이 없네.
우리는 아무것도 모르지만
임금님의 법만 따를 뿐이라네.

立我蒸民　莫非爾極　　입아증민　막비이극
不識不知　順帝之則　　불식부지　순제지칙

요임금

요임금의 치세를 찬양하는 내용이다. 여기서 유래하여 「강구연월」은 태평성대의 평화로운 풍경을 비유하는 성어로 사용된다.

우리 모든 백성들이 안정된 생활을 해나가고 있는 것은, 어느 것 하나 임금님의 알뜰한 보살핌과 사랑 아닌 것이 없다. 임금님은 인간의 본성에 따라 우리를 도리에 벗어나지 않게 인도하기 때문에 우리는 법이니 정치니 하는 것을 염두에 두거나 배워 알거나 하지 않아도 자연 임금님의 가르침에 따르게 된다는 뜻이다. 아이들의 이 노래에 요임금은 자못 마음이 놓였다. 과연 그럴까 하고 가슴이 뿌듯하기도 했다.

109. 嫡後嗣續 祭祀蒸嘗 (적후사속 제사증상)

嫡后嗣续 祭祀蒸尝

❶				적 嫡	후 後	사 嗣	속 續
❷			사 死	후 後	약 藥	방 方	문 文
❸				사 嗣	속 續	지 之	망 望
❹		구 狗	미 尾	속 續	초 貂		
❺	관 冠	혼 婚	상 喪	제 祭			
❻			무 無	사 祀	귀 鬼	신 神	
❼			운 雲	증 蒸	용 龍	변 變	
❽		와 臥	신 薪	상 嘗	담 膽		

풀이

❶ 嫡後嗣續 (적후사속)

嫡后嗣续 정실 **嫡** 뒤 **後** 이을 **嗣** 이을 **續**

「맏아들로 대를 잇고, 증제(蒸祭)와 상제(嘗祭)의 제사를 지낸다(嫡後嗣續 祭祀蒸嘗)」

《천자문》에 있는 말이다.

맏아들(嫡)은 아버지의 뒤(後)를 따라 가문의 대를 이어나가고(嗣續), 제사(祭祀)를 봄·여름·가을·겨울 사계절에 따라 모신다.

《예기(禮記)》 왕제편에 이르기를, 「천자와 제후의 묘제(廟祭)에 있어 봄의 제를 약(礿)이라 하고, 여름의 제를 체(禘)라 하며, 가을의 제를 상(嘗)이라 하고, 겨울의 제를 증(蒸)이라고 한다(天子諸侯 宗廟之祭 春曰礿 夏曰禘 秋曰嘗 冬曰蒸). 특히 가을의 제사에서는 새로 추수한 곡식을 올리며, 제사 드리기 전에 먹지 않는다」 고 했다.

❷ 死後藥方文 (사후약방문)

死后药方文

죽을 **死** 뒤 **後** 약 **藥** 모 **方** 글 **文**

죽은 뒤에 약방문을 쓴다는 뜻으로, 이미 때가 지난 후에 대책을 세우거나 후회해도 소용없다는 말. 약방문은 약을 짓기 위해 약의 이름과 분량을 쓴 종이를 말함

조선 인조(仁組)때 학자 홍만종(洪萬宗)의 《순오지(旬五志)》에 나오는 말로 굿이 끝난 뒤에 장구를 치는 것은 모든 일이 끝난 뒤에 쓸데없는 짓을 하는 것과 같고, 말을 잃어버린 후에는 마구간을 고쳐도 소용

없다는 뜻이다.

사람이 죽은 후에 아무리 좋은 약을 써도 소용이 없다는 말이다. 따라서 어떤 일이 일어나기 전에 미리미리 근본적인 대책을 세울 줄 아는 현명한 사람이 되어야 한다는 교훈을 말해주고 있다.

우리말 속담에, 「늦은 밥 먹고 파장(罷場) 간다(장이 끝난 뒤에 가 보았자 소용없다)」, 「단 솥에 물 붓기(벌겋게 달아 있는 솥에 몇 방울의 물을 떨어뜨려 보았자 솥이 식을 리 없다)」도 비슷한 뜻을 가지고 있다.

중국 전한(前漢)시대 유향(劉向)이 편찬한 《전국책》에 「망양보뢰(亡羊補牢)」라는 고사가 있다. 양을 잃고 나서야 우리를 고친다는 뜻이다. 양도 없는데 우리를 고쳐 봐야 헛수고일 뿐이다.

그 밖에 「사후청심환(死後淸心丸 : 죽은 뒤에 청심환을 찾는다)」, 「실마치구(失馬治廐 : 말 잃고 마구간 고친다)」, 「실우치구(失牛治廐 : 소 잃고 외양간 고친다)」등도 같은 뜻이다.

❸ 嗣續之望(사속지망) 嗣续之望 이을 **嗣** 이을 **續** 갈 **之** 바랄 **望**

대를 이을 희망. 곧 대를 이을 자식을 바라는 일.

중국 역사에서 맏아들로 대를 이어가는 풍속과 문화는 고대 3왕조 중 하나인 주(周)나라의 주공(周公) 단(旦)이 만든 「종법제(宗法制)」에서 그 시작을 찾을 수 있다. 주나라는 왕족이나 공신 혹은 각 부족의 수장(首長)들에게 제후의 직위를 주고 각각 독립적인 영토를 분봉 받아 다스리게 하는 분봉제후제(分封諸侯制)를 국가의 근간으로 삼았다. 그럼으로써 천자국인 주나라의 왕을 섬기도록 했다. 당시 제후국들은 천자의 간섭을 받지 않는 독자적인 제후 계승권을 지니고 있었다.

❹ 狗尾續貂(구미속초) 狗尾续貂 개 **狗** 꼬리 **尾** 이을 **續** 담비 **貂**

개꼬리로 귀한 담비꼬리를 잇는다는 뜻으로, 쓸모없는 사람에게 관직을 함부로 주는 것을 이르는 말이다.

삼국시대 위(魏)나라 사마의(司馬懿)의 아들 사마윤(司馬倫)은 진(晉)나라 무제 사마염(司馬炎)의 숙부로 조왕(趙王)에 봉해졌다. 사마염이 죽은 뒤 그의 아들 사마충(司馬衷)이 혜제(惠帝)로 즉위하였으나, 사마윤이 곧 제위를 찬탈하였다.

사마윤은 정권을 장악한 뒤 권력을 남용하여 그의 친척과 친구들은 물론 노비와 시종들에게까지 관직을 주었다.

《진서(晉書)》 조왕 윤전(趙王倫傳)에서는 이를 두고 이렇게 기술하고 있다.

「조회가 열릴 때마다 담비꼬리가 속출하였다(每朝會 貂尾續)」

당시에는 관리들이 착용하는 관모(官帽)에 담비꼬리를 장식하였다. 그런데 갑자기 관리들이 늘어나게 되어 담비꼬리가 모자라자 비슷한 개꼬리로 이를 대체하였다. 이에 사람들이 이렇게 조롱하였다.

「담비가 모자라니 개꼬리로 잇는구나(貂不足 狗尾續)」

여기서 유래하여 「구미속초」라는 성구가 나왔는데, 즉 하잘것없는 개꼬리로 귀한 담비꼬리를 잇는 것과 마찬가지로, 어떤 일이 앞부분은 잘 되었으나 뒤가 잘못된 경우, 또는 인재를 제대로 등용하지 않고 쓸모없는 사람에게 관직을 맡기는 실태 등을 비유하는 말로 사용된다.

❺ 冠婚喪祭 (관혼상제) 冠婚丧祭 갓 **冠** 혼인할 **婚** 죽을 **喪** 제사 **祭**

종묘제례악(유네스코인류무형문화유산)

관례, 혼례, 상례, 제례를 아울러 이르는 말

관례는 머리에 갓을 써서 어른이 되는 의식이다. 옛날에는 남자 나이 20살이 되면 관례를 행하고, 여자 나이 15살이 되면 머리에 비녀를 꽂았다. 혼례는 혼인하는 예법, 상례(장례)는 상중(喪中)에 행하는 예법, 제례는 제사지내는 예법이다.

인간이 살아가는 데 있어 관혼상제는 빠질 수 없는 일들이며, 우리 조상들이 옛날부터 중요하게 여긴 가정행사이다. 유교를 바탕으로 나라를 다스리는 질서가 완강했던 조선시대의 관혼상제는 단순한 의례 이상이었으며, 오늘날에도 중요시되고 있다.

❻ 無祀鬼神 (무사귀신) 无祀鬼神 없을 **無** 제사지낼 **祀** 귀신 **鬼** 귀신 **神**

온갖 재앙에 자손이 다 죽어서 제사를 받들어 줄 사람이 없는 사람의 귀신.

❼ 雲蒸龍變 (운증용변) 云蒸龍变 구름 **雲** 찔 **蒸** 용 **龍** 변할 **變**

구름이 뭉게뭉게 일어나는 틈을 타서 뱀이 용으로 변하듯이, 영웅호걸이 시기를 얻어 활약함의 비유.

《사기》에 있는 말로서, 물이 증발하여 구름이 되고 뱀이 변하여 용이 되어 승천한다는 말로 영웅호걸이 기회를 얻어 흥성함을 비유한 말이다.

❽ 臥薪嘗膽 (와신상담) 卧薪尝胆 누울 **臥** 섶 **薪** 맛볼 **嘗** 쓸개 **膽**

섶에 누워 쓸개를 맛본다는 말이다. 원수를 갚을 생각을 잠시도 잊지 않고 괴롭고 어려움을 참고 견딘다는 말이다. 「와신상담」은 붙은문자이긴 하지만, 한 사람의 일이 아니고 각각 다른 두 사람의 이야기가 합쳐져서 생긴 말이다.

주(周)의 경왕(敬王) 24년 오왕 합려(闔閭)는 월왕 구천(勾踐)과 추리의 싸움에서 월의 군략에 걸려 패했다. 합려는 적의 화살에 손가락에 상처를 입었는데, 패주하는 바람에 충분한 치료를 하지 못한 채 겨우 경이라는 곳까지 도망쳤을 때, 갑자기 그 상처가 악화되어 죽었다. 임종 때 그는 반드시 월에 복수를 하여 자기의 분함을 풀어주도록 태자인 부차(夫差)를 불러 유명(遺命)을 했다.

아버지의 뒤를 이어 오왕이 된 부차의 귀에는 언제나 그 아버지의 유명이 들렸다. 눈에는 언제나 분해하던 임종 시의 아버지 형상이 보였다. 그는 무슨 일이 있어도 아버지의 원한을 풀어 드려야겠다는 굳은 결의

부차의 와신(臥薪)

로 밤마다 장작 위에 누워(臥薪), 아버지의 유언을 새롭게 하며 복수심을 갈고 갈았다. 뿐더러 그는 자기 방 앞에 사람을 세워 두고 나고 들 때마다 아버지의 유명을 소리쳐 말하게 했다. 「부차야, 아비 죽인 원수를 잊었느냐!」

「결코 잊지 않겠습니다. 3년 내에 반드시 원수를 갚겠습니다!」

부차는 그럴 때마다 이렇게 대답했다. 그것은 임종 때 그가 아버지에게 대답한 말과 똑같은 말이었다. 이리하여 그는 낮이고 밤이고 복수를 맹세하고, 오로지 군사를 훈련해서 때가 이르기를 기다렸다. 부차의 이 같은 소식을 들은 월왕 구천은 선수를 써서 오나라를 먼저 쳐들어갔으나 패하고 만다.

싸움에 크게 패한 구천은 겨우 5천 명 남은 군사를 거느리고 회계산에서 농성을 하지만 결국은 견디지 못하고 오나라에 항복을 하고 만다. 구천은 내외가 함께 오나라의 포로가 되어 범려(范蠡)와 함께 갖은 고역과 모욕을 겪은 끝에 영원히 오나라의 속국이 되기를 맹세하고 무사히 귀국하게 된다.

구천은 자기 나라로 돌아오자 일부러 몸과 마음을 괴롭히며, 자리 옆에는 항상 쓸개를 달아매어 두고, 앉을 때나 누울 때나 이 쓸개를 씹으며 쓴맛을 되씹었다. 또 음식을 먹을 때도 먼저 쓸개를 씹고 나서, 「너는 회계의 치욕을 잊었느냐」 하고 자신에게 타이르곤 했다.

월왕 구천이 오나라를 쳐서 이기고 오왕 부차로 하여금 자살하게 만든 것은 이로부터 20년 가까운 뒷날의 일이었다. 「와신상담」이란 문자는 부차의 「와신」과 구천의 「상담」이 합쳐져 된 말이다.

구천의 상담(嘗膽)

110. 稽顙再拜 悚懼恐惶 (계상재배 송구공황) 稽顙再拜 悚懼恐惶

❶ 會稽之恥
회 계 지 치

❷ 稽顙再拜
계 상 재 배

❸ 一日難再晨
일 일 난 재 신

❹ 五斗米拜腰
오 두 미 배 요

❺ 毛骨悚然
모 골 송 연

❻ 喜懼之心
희 구 지 심

❼ 可恐可笑
가 공 가 소

❽ 惶恐無地
황 공 무 지

풀이

❶ 會稽之恥(회계지치) 会稽之耻 모을 **會** 머무를 **稽** 의 **之** 부끄러울 **恥**

전쟁에 패한 치욕. 뼈에 사무쳐서 잊을 수 없는 치욕을 이르는 말.

춘추전국시대 오(吳)나라는 오자서(伍子胥)와 손무(孫武)의 계책에 의하여 서쪽으로는 강한 초나라를 깨뜨리고, 북쪽으로는 제(齊)나라와 진(晉)나라를 위협했으며, 남쪽으로는 월(越)나라를 복종시켰다.

기원전 496년, 오나라 왕 합려(闔閭)는 월나라로 쳐들어갔다가 월왕 구천(勾踐)에게 패하였다. 이 전투에서 합려는 화살에 맞아 심각한 중상을 입었다.

합려의 능묘 호구탑

병상에 누운 합려는 죽기 전 그의 아들 부차(夫差)를 불러 이 원수를 갚을 것을 유언으로 남겼다. 부차는 가시가 많은 장작 위에 자리를 펴고 자며(臥薪), 방 앞에 사람을 세워 두고 출입할 때마다 「부차야, 아비의 원수를 잊었느냐!」하고 외치게 하였다. 부차는 매일 밤 눈물을 흘리며 아버지의 원한을 되새겼다. 부차의 이와 같은 소식을 들은 월나라 왕 구천은 기선을 제압하기 위해 오나라를 먼저 쳐들어갔으나 대패하였고 오히려 월나라의 수도가 포위되고 말았다.

월왕 구천

싸움에 크게 패한 구천은 얼마 남지 않은 군사를 거느리고 회계산(會稽山)에서 농성을 하였으나 견디지 못하고 오나라에 항복하였다. 포로가 된 구천과 신하 범려(范蠡)는 3년 동안 부차의 노복으로 일하는 등 갖은 고역과 모욕을 겪었고, 구천의 아내는 부차의 첩이 되었다. 그리고 월나라는 영원히 오나라의 속국이 될 것을 맹세하고 목숨만 겨우 건져 귀국하였다.

그는 돌아오자 잠자리 옆에 항상 쓸개를 매달아 놓고 앉거나 눕거나 늘 이 쓸개를 핥아 쓴맛을 되씹으며(嘗膽), 「너는 회계의 치욕(會稽之恥)을 잊었느냐!」 하며 자신을 채찍질하였다. 이후 오나라 부차가 중원을 차지하기 위해 북벌에만 신경을 쏟는 사이 구천은 오나라를 정복하고 부차를 생포하여 자살하게 한 것은 그로부터 20년 후의 일이다. 이와 같이 「와신상담」은 부차의 「와신(臥薪)」과 구천의 「상담(嘗膽)」이 합쳐서 된 말로 「회계지치」라고도 한다.

❷ 稽顙再拜 (계상재배)

稽顙再拜 조아릴 **稽** 이마 **顙** 다시 **再** 절 **拜**

「이마를 땅에 대고 두 번 절하니 송구하고 황송한 마음이라(稽顙再

拜 悚懼恐惶)」

《천자문》에 있는 말이다. 제사를 모실 때에는 이마(顙)가 바닥에 닿도록 조아려(稽) 두 번(再) 절하고(拜), 조상님이 계신 것처럼 송구하고(悚懼) 두려워하며(恐惶) 정성을 다해야 한다.

제사를 올리고 손님을 대접하는 것은 군자의 중요한 임무인데, 그 제사를 신중하게 모셔야 하는 것을 제시하고 있다.

《예기》 단궁하(檀弓下)에도 「머리를 땅에 대고 절하는 것은 슬퍼함의 극으로서 더할 수 없이 측은한 것이니, 계상(稽顙)이야말로 측은함의 자심함이다(拜稽顙 哀戚之至隱也 稽顙隱之甚也)」라는 구절이 있다.

재배(再拜)는 두 번 절하는 것으로, 죽은 사람에 대한 절이다. 조상의 기일(忌日)이 되면 제사를 올리되 마치 곁에 부모나 조상을 모신 것과 같이 정성을 다해서 공경하는 마음으로 올려야 한다. 윗사람을 두려움과 공경하는 마음으로 섬기는 아랫사람의 도리를 밝힌 것으로 바로 공자가 말한 효(孝)의 첫 번째 조건이라고 할 것이다.

❸ 一日難再晨 (일일난재신)

一日难再晨

한 一 날 **日** 어려울 **難** 두 **再** 새벽 **晨**

하루에 새벽이 두 번 오지 않는다. 이미 지난 시간은 다시 오지 않음을 이르는 말.

도연명(陶淵明)은 동진(東晋) 말기부터 남조(南朝)의 송대(宋代) 초기에 걸친 중국의 대표적 시인이다. 기교를 부리지 않고, 평담(平淡)한 시풍이었기 때문에 당시의 사람들로부터는 경시를 받았지만, 당대 이후는 육조(六朝) 최고의 시인으로서 그 이름이 높았다.

그의 시풍은 당대(唐代)의 맹호연(孟浩然), 왕유(王維) 등 많은 시인들에게 영향을 주었다. 「일일난재신」은 그의 시 「잡시(雜詩)」에 나오는 말이며, 시의 내용은 다음과 같다.

인생은 뿌리도 꼭지도 없어
길 위에 흩날리는 먼지와 같네
바람 따라 이리저리 뒤집히나니
이에 인생이 무상함을 알겠네
세상에 나와 형 아우하는 것이
어찌 반드시 골육만이 육친인가
기쁜 일은 마땅히 서로 즐기고
말술 이웃과 함께 모여 마셔라
젊은 시절은 거듭 오지 않으며
하루에 아침 두 번 맞지 못한다
때를 놓치지 말고 마땅히 힘쓸 일
세월은 사람을 기다려 주지 않는다

人生無根蔕　飄如陌上塵　인생무근체 표여맥상진
分散逐風轉　此已非常身　분산축풍전 차이비상신
落地爲兄弟　何必骨肉親　낙지위형제 하필골육친
得歡當作樂　斗酒聚比隣　득환당작락 두주취비린
盛年不重來　一日難再晨　성년부중래 일일난재신
及時當勉勵　歲月不待人　급시당면려 세월부대인

인생을 살면서 젊은 날이 계속될 것 같지만 어느덧 중년의 나이에 접어들게 되고, 그 뒤엔 시간의 속도는 더욱 빨라져 어느덧 인생의 황혼기를 맞이하게 된다. 그러니 내일이 있다고 미루지 말고 지금 이 순간이야말로 내 인생에 가장 아름다운 시간이라고 생각하고 최선을 다해 그 시간을 사용하는 것이 현명한 군자의 모습이다.

도연명의 가문은 그리 대단치는 않았으나 사족(士族)에 들어갔다. 그의 학식이 보수적인 문인 층에 속하였으므로 신흥세력과 어울리지 못하여 전원생활과 음주의 낙을 즐겨 읊었다. 손수 농사도 지었으므로 인간미가 흘렀고, 백성들의 생활 자체를 노래한 문학이었다. 때로는 인간의 내면을 그린 철학적인 시도 적지 않다. 청결한 일생으로 「정절선생(靖節先生)」이라는 시호가 내려졌다.

도연명(淸, 임예 「桃園問津圖」)

「성년부중래(盛年不重來)」, 「일일난재신」, 「세월부대인歲月不待人」은 모두 언제 지나갔는지도 모르게 빨리 흘러가는 것이 인생이니 매사에 부지런히 힘써야 한다는 것을 일깨워 주는 성어이다.

❹ 五斗米拜腰 (오두미배요)

五斗米拜腰
다섯 **五** 말 되 **斗** 쌀 **米** 절 **拜** 허리 **腰**

다섯 말의 쌀 때문에 허리를 굽힐 수 없다는 말. 하찮은 봉록에 연연

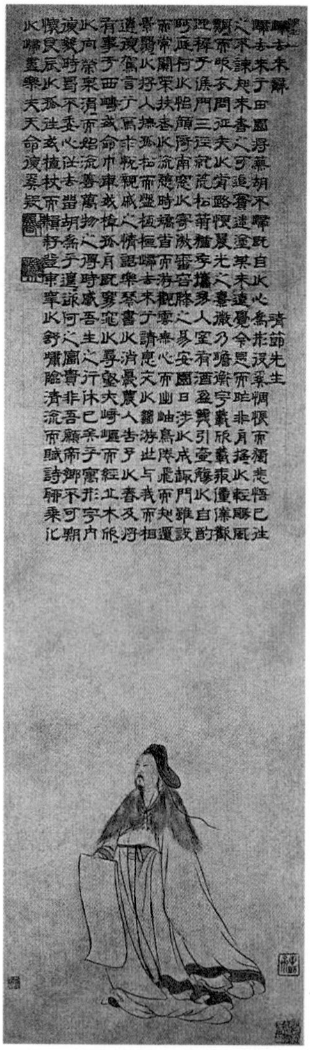

도연명

하여 시골 관리에게 굽실거리며 살지 않겠다면서 벼슬을 집어던진 시인 도연명의 귀거래에 얽힌 고사에서 유래한다.

진(晉)의 시인 도연명(陶淵明, 이름은 잠潛)의 「귀거래사(歸去來辭)」는, 그가 이 오두미로 인해 허리를 굽힐 수가 없어 벼슬을 버리고 집으로 돌아올 때 지은 글이다.

「귀거래사」는 그 서문에서, 누이동생의 죽음을 슬퍼하여 관직을 버리고 고향으로 돌아간다고 했으나, 양(梁)의 소명태자(昭明太子) 소통(蕭統)의 《도연명전》에는, 감독관의 순시를 의관속대(衣冠束帶)하고 영접하지 않으면 안 되는 것을 알고 오두미(五斗米 : 다섯 말의 쌀, 즉 적은 봉급)를 위해 향리의 소인에게 허리를 굽힐 수 없다고 하며 그날로 사직하였다고 전한다.

이 작품은 도연명의 기개를 나타내는 이와 같은 일화와 함께 은둔을 선언한 일생의 한 절정을 장식한 작품이다.

도연명은 동진(東晋) 말년의 어지러운 세상에 태어나서 출세에는 별로 뜻이 없고 자연과 술과 글을 즐기며 평생을 보낸 위대한 시인이다.

《진서》 은일전과 《송서》에는 도연명에 대한 이런 이야기를 싣고 있다. 그는 처음 강주(江州)의 좨주(祭酒)가 되었으나 관리로서의 번거로운 일들이 싫어서 곧 그만두고 고향으로 돌아오고 말았다.

그 뒤 손수 농사일을 하며 생활해 가는 동안 친구들에게 「고을 원이라도 되어 궁함을 좀 면해 볼까 하는데 어떨까?」 라고 말한 것이 계기가 되어 팽택(彭澤) 현 원을 맡게 되었다.

오원 장승업의 「귀거래도」

고을 원이 된 도연명은 그 수확으로 자기 봉록을 삼는 고을 공전(公田)에다가 전부 찹쌀 농사를 짓도록 명령했다.

「나는 늘 술에 취해 있으면 그것으로 충분하다」는 것이었다.

그러나 식구들이 조르는 바람에 경(頃) 50묘(苗)에는 찰벼를 심게 하고 나머지 50묘에는 벼를 심게 했다는 것이다.

그러던 어느 날, 주지사가 순찰관을 팽택현으로 보냈다. 고을 아전들이 말했다.

「예복을 입고 맞이하지 않으면 안 됩니다」

가뜩이나 벼슬에 뜻이 없던 도연명은 한숨을 쉬며 말했다.

「내 어찌 닷 말 쌀 때문에 허리를 꺾고 시골 어린아이를 대할 수 있겠는가(我豈能爲五斗米拜腰向鄕里小兒)」 하고 그날로 직인을 풀어놓고 떠나가 버렸다는 것이다.

이 이야기는 「귀거래사」 라는 문장으로 인해 더욱 유명해지기도 했지만. 살기 위해 싫은 말단벼슬을 하는 많은 문사들의 심정을 대변하는 말이라서 더욱 생명을 갖게 되었는지도 모른다.

「귀거래사」 앞 몇 구절만 음미해 보자.

자, 이제 돌아가자.
고향 산천이 황폐해지는데 어찌 돌아가지 않겠는가
지금까지 정신을 육체의 노예로 삼아온 것을
어찌 슬퍼하고 서러워만 할 것인가.
이미 지난 일은 후회해도 소용이 없음을 알았고
앞으로는 바른 길을 가는 것이 옳다는 것을 깨달았다.
인생길을 잘못 들어 헤맨 것은 사실이나 아직은 그리 멀지 않으니
이제야 오늘의 생각이 맞고 지난날의 행동이 잘못임을 알았다.
……

歸去來兮	田園將蕪胡不歸	귀거래혜	전원장무호불귀
旣自以心爲形役	奚惆悵而獨悲	기자이심위형역	해추창이독비
悟已往之不諫	知來者之可追	오이왕지불간	지래자지가추
實迷塗其未遠	覺今是而昨非	실미도기미원	각금시이작비

……

❺ 毛骨悚然(모골송연) 毛骨悚然 털 **毛** 뼈 **骨** 두려워할 **悚** 그럴 **然**

끔찍스러워 몸이 으쓱하며 털끝이 쭈뼛해짐.

「모골」은 터럭과 뼈.

아주 끔찍한 일을 당하거나 볼 때, 두려워 몸이나 털이 곤두선다는 말.

❻ 喜懼之心 (희구지심)

喜懼之心 기쁠 **喜** 두려워할 **懼** 갈 **之** 마음 **心**

한편으로는 기쁘면서 한편으로는 두려운 마음.

❼ 可恐可笑 (가공가소)

可恐可笑 옳을 **可** 두려울 **恐** 웃을 **笑**

두렵기도 하고 우스꽝스럽기도 함.

❽ 惶恐無地 (황공무지)

惶恐无地 두려워할 **惶** 두려울 **恐** 없을 **無** 땅 **地**

매우 황공하여 몸 둘 자리를 모름.

위엄이나 지위 따위에 눌리어 두려워서 몸 둘 데가 없음을 이르는 말.

111. 牋牒簡要 顧答審詳 牋牒简要 顾答审详

(전첩간요 고답심상)

❶ 牋牒簡要 (전첩간요)

❷ 通牒 (통첩)

❸ 簡髮而櫛 (간발이즐)

❹ 不得要領 (부득요령)

❺ 脚下照顧 (각하조고)

❻ 笑而不答 (소이부답)

❼ 博學審問 (박학심문)

❽ 博學而詳說之 (박학이상설지)

풀이

❶ 牋牒簡要 (전첩간요)

牋牒簡要 글 牋 편지 **牒** 대쪽 **簡** 종요로울 **要**

《천자문》에 있는 말이다.

「편지는 간단(簡單)하고 요긴(要緊)해야 하며, 안부를 묻거나 답하는 일은 자세하게 살펴야 한다(牋牒簡要 顧答審詳)」

편지(牋牒)를 쓸 때는 간결하게(簡) 쓰고 중요한(要) 것을 적으며, 두루 돌아보고(顧) 답하며(答) 자세히(詳) 살펴서(審) 빠진 말이 없게 해야 한다.

「간요」와 「심상」은 서로 반대되는 의미의 대구(對句)이다. 편지를 할 때는 간단하고 요점을 추려서 쓰고, 대답할 때는 상세하게 해야 한다는 말이다.

간(簡)은 원래 대쪽 간이라고 하였다. 종이가 나오기 전에는 대나무쪽에 글을 쓰고 구멍을 뚫어 끈으로 연결한 것으로, 이것을 죽간(竹簡)이라고 했고, 여러 개의 나무쪽을 엮어서 책을 만들면 이것은 목독(木牘)이라고 했다. 그 끈이 끊어지면 뒤섞이게 되니 글의 순서가 뒤죽박죽이 된다. 그래서 죽간의 끈이 끊어져 순서가 뒤바뀐 것처럼 글이 맞지 않으면 착간(錯簡)이라는 말을 쓴다.

❷ 通牒 (통첩)

通牒 통할 **通** 서판 **牒**

관청・단체 등에서 문서로 통지하는 일, 또는 그 글월을 이르는 말.

국제법상으로는 국가의 문서에 의한 일방적 의사표시이며, 행정법상으로는 어떤 사항을 통지하는 형식.

❸ 簡髮而櫛(간발이즐)

簡髮而櫛 대쪽 **簡** 터럭 **髮** 말이을 **而** 빗 **櫛**

머리카락을 낱낱이 골라 가며 빗질함. 쓸데없는 곳에 정력을 낭비함을 비유하는 말.

《장자》 경상초편(庚桑楚篇)에 있는 이야기다.

노자의 제자 가운데 경상초라는 사람이 있었다. 노자의 도를 어느 정도 터득하고 북쪽 외루산(畏壘山)에 살고 있었다. 그의 하인 중에서 똑똑하고 지식이 있는 자들은 내보내고, 그의 첩들 가운데 정감 있고 어진 이들은 멀리하였다. 그리고는 못난 자들과만 함께 살고 열심히 일하는 사람들만 썼다. 그렇게 3년이 지나고 외루산 지방에 큰 풍년이 들었다. 외루산 지방의 백성들은 서로 붙들고 이야기를 나누었다.

「경상초가 처음 왔을 때 우린 그를 기이하게 여겼었죠. 그런데 그는 대단한 일을 해놓았습니다. 아마도 그는 성인일 거요. 우리가 어찌 그런 분을 임금으로 섬기지 않는다는 말이오?」

경상초는 그 말을 듣고는 남쪽을 향해 앉았으나 기쁘지 않은 듯 보였다. 제자들이 이상히 여기자, 경상초가 말했다.

「지금 외루산 지방 천민들까지도 마음속으로 나를 어진 사람들 사이에 넣고 떠받들려 하고 있구나. 그런데 나는 그러한 표적이 될 만한 사람이겠느냐? 나는 그래서 노자의 말씀에 어긋나는 것이므로 기쁘지 않게 생각하는 거란다」

그러자 그의 제자가 말했다.

「그렇지는 않을 것입니다. 보통의 작은 도랑에서는 큰 고기는 몸을 돌릴 수도 없지만 송사리나 미꾸라지는 마음대로 움직입니다. 한 길 높이의 언덕에서는 큰 짐승들은 그의 몸을 감출 곳이 없지만, 요사스런 여우는 살기 좋은 곳으로 여깁니다. 또한 현인을 존경하고, 능력 있는 사람에게 벼슬을 주며, 착한 것과 의로운 것을 앞세우는 것은 예로부터 요순시대에도 그랬습니다. 하물며 외루산 지역의 백성들만이 그렇지 않을 수 있겠습니까? 선생님께서는 그들의 요구를 들어 주십시오」

경상초가 말했다.

「수레를 한 입에 삼킬 만큼 큰 짐승도 홀로 떨어져 산에서 벗어나게 되면 그물과 올가미의 재난을 면치 못할 것이다. 배를 삼킬 만큼 큰 물고기도 뛰어올랐다가 잘못하여 물 밖으로 나오게 되면 작은 개미들도 그를 괴롭히게 된다. 그러므로 새와 짐승들은 높은 곳을 싫어하지 않고, 고기와 자라들은 깊은 곳을 싫어하지 않는 것이다.

그처럼 그의 육체와 생명을 완전하게 하는 사람들은 그의 몸을 숨김에 있어서 깊고 먼 것을 싫어하지 않는 법이다. 또한 요순 같은 사람을 어찌 칭찬할 수 있겠느냐? 그들은 자신들의 이론으로 함부로 집의 담장을 뚫게 하고 그 안에 쑥대를 무성하게 만든 것과 같다. 그들은 머리칼을 한 올 한 올 골라 빗질을 하고 쌀알을 세어가며 밥을 짓는 것과 같은 일을 했다(簡髮而櫛 數米而炊). 그런 작은 일에 얽매여서야 어떻게 세상을 구제할 수 있겠느냐?

현명한 사람들을 등용하면 백성들이 서로 다투게 되고, 지혜 있는 사람에게 벼슬을 주면 백성들은 서로 도둑질을 하게 된다. 이런 몇 가지 일로는 백성에게 인정이 풍요롭게 해줄 수가 없는 것이다. 그런 방법은 백성들에게 이익을 열심히 추구하게 하여, 자식 중에서 아버지를 죽이는 자가 생겨나고, 신하 중에서는 임금을 죽이는 자가 생겨나게 만들 것이다. 대낮에 도둑질을 하고, 한낮에 남의 담을 뚫고 들어가는 일이 생기게 만들 것이다.

내가 너희들에게 말하노니, 큰 혼란의 근본은 틀림없이 요순시대에 생겨났던 것이다. 그런 것은 결국 천 세 뒤까지 존속하게 될 것이다. 그러면 천 세 뒤에는 반드시 사람과 사람이 서로 잡아먹는 일이 벌어지게 될 것이다」

여기서 「간발이즐(簡髮而櫛)」은 매우 신중하게 처리함이 지나쳐 머리카락을 한 올씩 빗는다는 말로서, 불필요한 일에 정성을 쏟는다는 의미다.

❹ 不得要領 (부득요령) 不得要领 아닐 不 얻을 得 허리 要 옷깃 領

말이나 글이, 목적과 줄거리가 뚜렷하지 못해 무엇을 나타내려는 것인지를 알 수 없을 때 이런 말을 쓴다. 「요령(要領)」은 요긴한 줄거리란 정도의 뜻을 가지고 있다.

보통 「요령부득」이라고 쓴다.

그런데 옛날에는 이 「요령부득」이 두 가지 다른 뜻으로 쓰였다. 하나는 「요령(要領)」의 「요(要)」가 허리의 요(腰)와 같은 뜻으로 쓰이는 경우인데, 이때의 「요령부득」은 제 명에 죽지 못함을 말한다. 옛날에는 죄인을 사형에 처할 때, 무거운 죄를 지은 자는 허리를 베고 가벼운 죄를 지은 자는 목을 베었다. 「요」는 허리를 말하고 「령」은 목을 뜻한다. 그러므로 「요령부득」은 허리와 목을 온전히 보존하지 못한다는 뜻이다.

장건출사서역 조소(彫塑)(장건 공원)

그러나 오늘날 우리가 쓰는 「요령」이란 말은 옷의 허리띠와 깃을 말한다. 옷을 들 때는 반드시 허리띠 있는 곳과 깃이 있는 곳을 들어야만 옷을 얌전히 제대로 들 수 있다. 여기에서 허리띠와 깃이 요긴한 곳을 가리키는 말로 변하게 되었다.

「요령이 좋지 못하다」든가, 「요령을 모른다」든가 하는 뜻의 「요령부득」이란 말이 처음 나온 곳은 《사기》 대원전이다. 한무제(漢武帝)는 흉노를 치기 위해 장건(張騫)을 대월지국으로 보낸 일이 있다. 그러나 월지국은 흉노 땅을 거쳐야만 되기 때문에 장건은 백여 명의 수행원과 함께 곧 흉노의 포로가 된다. 거기서 10년 남짓 억류생활을 하며 흉노의 여자를 아내로 얻어 자식까지 낳는다. 그러나 장건은 흉노가 안심하고 있는 기회를 틈타 대원(大宛)으로 간다. 대원국은 한나라와 무역을 원했기 때문에 장건을 대월지국까지 안내자를 딸려 보낸다. 그때 월지의 왕이 흉노에 의해 죽었기 때문에 태자가 새로 왕으로 앉아 있었다.

신왕은 대하국(大夏國)을 정복하여 그곳에 살고 있었는데, 땅도 비옥하고 이민족의 침략도 적은 곳이었기 때문에 편안한 생활을 즐기고 있었다. 그래서 흉노에 대한 복수심도 점점 식어지고, 한나라와는 거리가 먼 관계로 새삼 친교를 맺을 생각이 없었다. 그리하여 장건은 월지에서

장건출사서역 벽화

대하까지 가긴 했으나, 끝내 월지왕의 참뜻이 무엇인지를 모르고 1년 남짓 있다가 돌아오고 말았다.

그러나 돌아오는 길에 다시 흉노에게 붙들려 1년 남짓 억류되어 있다가, 때마침 흉노 왕이 죽고 왕끼리 권력다툼을 하는 혼란한 시기를 틈타 탈출에 성공 무사히 조국 땅으로 돌아올 수 있었다. 한나라 수도 장안을 떠난 지 13년 만에 겨우 흉노에서 장가든 아내와 안내역으로 같이 갔던 감부(甘父)와 셋이서 돌아왔다.

그러나 요령을 얻지 못하고 돌아온 장건은 서역 문명의 소개자로 역사에 남게 되었다.

동서의 교통이 여기서 열린 것이다. 서방 국가로부터는 포도와 명마(名馬)·보석·석류·수박, 악기인 비파 등등. 그리고 한(漢)에서는 금과 비단 등이 운반되었다. 소위 「실크로드(Silk Road)」다.

❺ 脚下照顧(각하조고) 脚下照顾 다리 **脚** 아래 **下** 비출 **照** 돌아볼 **顧**

자기의 발밑을 잘 비추어 돌이켜본다는 뜻으로, 가깝고 친할수록 더욱 조심해야 함을 이르는 말.

본래 불교에서 나온 말이다.

「오늘날 사람들이 미망됨이 유구하고, 법을 구하고자 멀리 제성(諸聖)을 찾고, 부처를 구하고자 함에 자심(自心)을 보지 않는다」

이 말은 「자심이 곧 부처임을 모르고, 자성이 곧 참 법임을 모른다」는 글 뒤에 계속된 말이다. 다시 말하면, 도를 구함에 있어 본가 본원(本家本元)인 「자기」를 잊어버리고, 멀리 「고성(古聖)」을 찾는 일에만 급급하다. 구하고자 하는 도는 자기의 발밑에 있음을 가르치고 있는 것이다. 세상을 아연케 하는 고원한 학문을 닦은 지성인이 범죄를 저지르거나 자살하는 따위는 자심을 잃은 으뜸행위이다.

원효와 의상은 불도를 구해 멀리 당나라를 찾아 나섰다. 몇날 며칠의 행보에 지쳐 묘지에서 노숙하였을 때 이야기다. 몹시 갈증이 나서 잠에서 깬 원효는, 달빛에 반짝이는 물바가지를 발견하였다. 참으로 맛있게 꿀꺽 꿀꺽 마시고는 기분 좋게 다시 잤다. 날이 밝아 그 물그릇을 보니 해골바가지에 고인 물이었다. 갑자기 구역질이 났다. 간밤의 감로수가 지금은 오염수다. 그때 깨달았다. 미추 오염도 내 마음에 있음을.

「한 마음이 일어난즉 법이 생기고, 한 마음이 멸한즉 법이 멸한다.(心生卽種種法生 心滅卽種種法滅)」는 오도송(悟道頌)이다. 원효는 그 길로 회향하였다. 그러나 의상은 그대로 갔다.

❻ 笑而不答 (소이부답)

笑而不答 웃을 **笑** 어조사 **而** 아닐 **不** 답할 **答**

웃기만 할 뿐 대답을 하지 않는다. 남에게 질문을 받고 대답하기 싫어하거나 곤란할 때의 태도. 유유자적(悠悠自適)한 심정의 상태.

당나라 시인 이백(李白)의 유명한 시 「산중문답(山中問答)」에서 유래한 말로서, 말 대신 웃음으로 답하는 모습을 가리키는 표현이다.

왜 푸른 산에 사느냐 묻는다면
말없이 그저 웃겠지만 마음은 스스로 한가롭다네.
복숭아꽃 물 따라 멀리 흘러가는 곳
따로 세상이 있지만 인간세상은 아니로세.

問余何事栖碧山　문여하사서벽산
笑而不答心自閑　소이부답심자한
桃花流水杳然去　도화유수묘연거
別有天地非人間　별유천지비인간

이 백

이 작품은 원래 자연에 묻혀 사는 즐거움에 대해 노래한 소박한 자연시다. 그런데 작품이 담고 있는 시상(詩想)이나 심상(心想)이 대단히 선취(仙趣)가 넘쳐흐르면서 도가적(道家的) 풍류가 스며 있어 오랜 기간 음유되어 왔다. 유언(有言)의 물음에 대해 무언의 대답을 함으로써 마음속에 깃들여 있는 운치를 다 토로하는 것이다.

특히 셋째, 넷째 구절에서 보여주는 독특한 정취는 무릉도원의 신비로운 경관을 그대로 재연한 부분으로 색다른 정취를 느끼게 한다. 여기서 또한 「별유천지비인간(別有天地非人間)」이란 표현도 나온다.

❼ 博學審問
박학심문

博学审问 넓을 **博** 배울 **學** 살필 **審** 물을 **問**

널리 배우고 자상하게 물음. 심문(審問)은 자상하게 물음.

《중용(中庸)》에 있는 학문 연구의 방법.

❽ 博學而詳說之
박학이상설지

博学而详说之

넓을 **博** 배울 **學** 말이을 **而** 상세할 **詳** 말씀 **說** 이 **之**

군자가 박학하여 상세하게 설명하는 것은 세인(世人)에게 학문을 자랑하려 하는 것이 아니고 요점을 알아듣도록 설명하기 위한 것이다.

《맹자(孟子)》 이루하편(離婁下篇)에 있는 말이다.

「넓게 배우고 깊이 공부하는 것은, 장차 돌이켜 간략하게 말하기 위해서이다(博學而詳說之 將以反說約也)」

배움의 최고는 간결함에 있다. 글을 널리 배우고 상세히 이치를 배우는 까닭은, 많은 지식을 자랑하고 화려함을 다투고자 함이 아니다. 융화하고 관통해서 지극히 요약된 경지를 설명할 수 있어야 한다.

결국 「탁월함은 간결함」과 통하는 것이다.

112. 骸垢想欲 執熱願涼 (해구상욕 집열원량) 骸垢想浴 执热愿凉

❶ 乞(걸) 骸(해) 骨(골)

❷ 純(순) 眞(진) 無(무) 垢(구)

❸ 氷(빙) 炭(탄) 不(불) 想(상) 容(용)

❹ 鵠(곡) 不(불) 欲(욕) 而(이) 白(백)

❺ 執(집) 牛(우) 耳(이)

❻ 以(이) 熱(열) 治(치) 熱(열)

❼ 願(원) 乞(걸) 終(종) 養(양)

❽ 炎(염) 涼(량) 世(세) 態(태)

풀이

❶ 乞骸骨 (걸해골) 乞骸骨 빌 乞 뼈 骸 뼈 骨

임금에게 신하가 사직을 주청함.

옛날 관료는 관직에 임명되면 자신의 몸을 임금에게 바친 것으로 여겼다. 때문에 사직을 원하거나 은퇴하고자 할 때 이를 주청하는 것을 일러 「해골을 돌려달라(乞骸骨)」 고 하여 늙은 관리가 사직을 원할 때 주로 쓰게 되었다.

《사기》 항우본기에 이런 이야기가 있다.

한왕 유방은 천하를 통일하는 데 많은 고초를 겪어야 했다. 뭐니 뭐니 해도 초의 항우는 강적이었다. 몇 차례나 궁지에 몰렸던 적이 있었다.

한나라 3년(BC 204년)의 일이었다. 한왕은 영양(滎陽)에 진을 치고 항우와 대항하고 있었다. 지난해에 북상하는 초나라 군대를 이곳에서 방어한 후 한왕은 지구전을 꾀하기로 했다. 그렇게 하기 위해서는 무엇보다도 중요한 식량을 확보해 두어야 한다. 그래서 수송로를 만드는 데 심혈을 기울여 우선 길 양쪽을 담으로 둘러쌓고 그 길을 황하로 잇게 하여 영양의 서북쪽 강기슭에 있는 쌀 창고에서 운반해 오도록 했다.

그러나 이 수송로는 항우의 공격 목표가 되어 한왕 3년에는 몇 번이나 습격을 당해 강탈되었다. 한군은 식량이 부족해서 중대한 위기에 빠져 한왕은 하는 수 없이 강화하기를 청하여 영양 서쪽을 한나라의 땅으로 인정해 주기를 원했다. 항우도 이 정도에서 화목하고 싶다고 생각하고, 그 뜻을 아부(亞父)로 모시고 있는 범증(范增)에게 의논했다. 그러나 범증은 반대했다.

범 증

「그건 안됩니다. 지금이야말로 한나라를 휘어잡을 때인데, 여기서 유방을 없애지 않으면 반드시 후회하게 될 것입니다」

반대에 부딪친 항우는 마음이 변해 갑자기 영양을 포위하고 말았다. 난처해진 것은 한왕이었다. 그러나 그 때 진평(陳平)이라는 인물이 계책을 냈다. 진평은 전에 항우의 신하였으나 유방에게로 온 사람으로 지략이 뛰어났다. 그는 항우의 급한 성미와 지레짐작을 잘하는 기질을 몸소 겪은 바 있기 때문에 항우와 범증 사이를 갈라놓으면 된다고 생각했다. 우선 간자(間者)를 보내 초나라 군사 속에서 「범증은 논공행상에 불만을 품고 항우 몰래 한나라와 내통하고 있다」는 소문을 퍼뜨렸다.

단순한 항우는 소문을 그대로 믿고 범증에게는 알리지도 않고 강화사신을 한왕에게 보냈다. 진평은 장량(張良) 등 한의 수뇌와 함께 정중하게 사신을 맞이했다. 그리고 소·양·돼지 등 맛있는 음식을 내놓고 대접했다. 그리고는 슬며시,

「아부(亞父 ; 범증을 지칭)께선 안녕하십니까?」하고 물었다.

사신은 먼저 범증에 대한 문안을 하므로 다소 기분이 언짢아서,

「나는 초패왕(項王)의 사신으로 온 것이오」하고 쏘아붙였다. 그러자 진평은 일부러 짐짓 놀라는 표정을 지으며,

「한왕의 사신이라고? 난 아부의 사신인 줄로만 알았지」하면서 극히 냉정한 태도로 돌변, 한번 내놓았던 음식마저 도로 물리고 대신 보잘것

없는 식사로 바꾸어 놓고는 나가 버렸다.

이 말을 듣고 발끈한 항우는 그 화풀이를 범증에게로 돌려 한나라와 내통하고 있음이 틀림없다고 판단, 범증에게 주어졌던 권력을 모두 빼앗아버리고 말았다. 범증은 격노했다.

「천하의 대세는 이미 결정된 거나 다름없으니 왕께서 스스로 마무리를 지으십시오. 나는 걸해골(乞骸骨)하여 초야에 묻히기로 하겠습니다」

장 량

범증은 팽성으로 돌아가는 길에 화가 지나쳤음인지 등에 종기가 생겨 75세를 일기로 세상을 떠났다.

❷ 純眞無垢

순진무구

纯眞无垢 순수할 **純** 참 **眞** 없을 **無** 때 **垢**

마음과 몸이 아주 깨끗하여 조금도 더러운 때가 없음.

❸ 氷炭不想容

빙탄불상용

氷炭不想容 얼음 **氷** 숯불 **炭** 아닐 **不** 생각할 **想** 담을 **容**

서로 조화될 수 없는 사이.

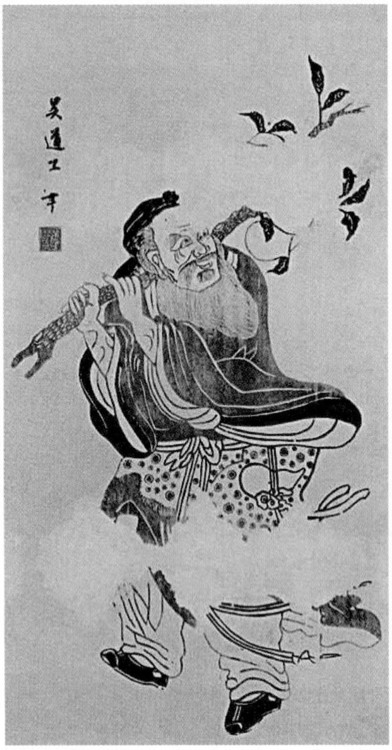

동방삭

성질이 정반대여서 도저히 서로 융합될 수 없는 사이를 「빙탄간」이라고 한다. 《초사》 칠간의 자비(自悲)에 있는 말이다.

「칠간」은 한무제 당시의 문장과 해학으로 유명한 동방삭(東方朔)이 초나라 충신 굴원(屈原)을 추모해서 지은 것이다. 《초사》는 굴원의 작품과 뒷사람들의 굴원을 위해 지은 작품들이 수록되어 있는 책이다. 이 빙탄(氷炭)이란 말이 나와 있는 부분의 문장을 소개하면 다음과 같다.

얼음과 숯이 같이할 수 없음이여
내 처음부터 목숨이 길지 못한 것을 알았노라.
홀로 고생하다 죽어 낙이 없음이여
내 나이를 다하지 못함을 안타까워하노라.

氷炭不可以相並兮 吾固知乎命之不長
哀獨苦死之無樂兮 惜予年之未央

우리가 말하는 「빙탄불상용(氷炭不相容)」이란 말은 이 글에는 상병(相並)으로 되어 있다. 서로 같이 있을 수 없다는 말이 무생물의 자연법칙을 말하고 있는 데 반해, 서로 용납하지 않는다는 불상용(不相容)은, 얼음과 숯을 의인화시켜 의식적인 대립을 강조한 느낌이 없지 않다. 그래서 「불상병」이란 말이 불상용으로 바뀌게 된 것인지도 모른다. 그것이 인간관계를 표현하는 말인 이상 역시 그래야만 실감이 나는 게 아닐까. 그런데 이 글을 구체적으로 풀이하면 다음과 같은 내용이다.

굴원은 간신들의 모함을 받아, 나라와 임금을 섬긴 일편단심을 안은 채 멀리 고향을 떠나 귀양살이 신세가 되었다. 자신을 모함하는 간신들과 나라를 사랑하는 자신은 성질상 얼음과 숯이 함께 있을 수 없는 그런 운명을 지니고 있다. 나는 내 목숨이 날 때부터 길게 타고나지 않은 것을 알고 있다. 그러나 그 길지 않은 일생이나마 낙이란 것을 모르고 고생만 하던 끝에 결국은 그 길지 않은 나이마저 다 살지 못하고 객지에서 죽어갈 것을 생각하면 그저 안타깝기만 하다.

굴원(明 화가 두근)

이상과 같은 내용을 읊은 것인데, 이 글 다음에 고향을 그리는 정을 다시 읊은 대목에서는 또 「호사수구(狐死首丘)」란 말을 낳게 된다. 이 말은 여우가 죽을 때는 머리를 제가 살던 굴이 있는 언덕으로 돌린다는 뜻으로, 곧 죽을 때에도 근본을 잊지 않는다는 말이다.

❹ 鵠不欲而白

곡 불 욕 이 백 鵠不浴而白

고니 **鵠** 아니 **不** 목욕 **欲** 말이을 **而** 흰 **白**

고니 새는 목욕하지 않아도 희다는 뜻으로, 타고난 성품이 좋은 사람은 배우지 않아도 선량함을 이르는 말.

《장자(莊子)》 천운(天運)에 있는 말이다.

「무릇 고니 같은 백조(白鳥)는 매일 목욕을 하지 않아도 희고, 까마귀는 매일 검은 물을 들이지 않아도 검다(夫鵠不日浴而白 烏不日黔而黑)」

❺ 執牛耳 (집우이) 执牛耳 잡을 **執** 소 **牛** 귀 **耳**

「집우이」는 소의 귀를 잡는다는 뜻으로, 실권을 한손에 진다는 말이다. 《좌전》 애공(哀公) 17년에 이런 이야기가 있다.

「나의 꿈은 이루어졌다!」

오왕 부차(夫差)는 이렇게 생각하고 있었다. 그렇게 생각할 만한 이유가 있었다. 아버지의 원수이고 오랜 숙적 월(越)을 쳐부수고 속국으로 만들어 버렸다. 월왕 구천은 쓸개를 씹으며(嘗膽) 원수를 갚고자 애를 쓰고 있지만, 주제에 무슨 일을 할 수 있겠는가.

……남방의 초(楚), 북방의 제(齊)도 격파했다. 가로막는 것은 아무것도 없다. 그리하여 지금, 이 황지(黃池)에 중원의 제후들을 모으고 있다. 여기서 인정만 받으면 명실 공히 광대한 중원에서 패(覇)를 외치게 되는 것이다. 그런데 오직 하나 문제가 있었다. 그것은 「소의 귀(牛耳)」다. 맹약을 할 때 쇠귀를 잡는 순서에 관해 부차는 맹주로서 자기가 먼저 잡고 피를 빨려고 했으나, 진(晋)의 정공(定公)이 반대하며 자기가 먼저 해야 한다고 버틴다. 따라서 황지의 모임은 헛된 나날만 보내고 맹약을 성립시키지 못하고 있었다.

부차는, 안타깝지만 결코 오래 걸리지는 않을 것이라 생각하며, 거느리고 온 오(吳)의 대군이 위력을 발휘하겠지 하고 자못 기대하고 있었다. 한데 하필이면 바로 그런 때였다. 본국에서 급한 전령이 왔다. 월이 마침내 군사를 일으킨 것이었다. 오의 주력 군사가 비어 있는 이때야말로 월로서는 절호의 기회였던 것이다. 명신 범려(范蠡)의 군대는 바다를 끼고 회하(淮河)를 거슬러 올라와 부차의 태자를 격파하고 사로잡았다. 월왕 구천은 훈련에 훈련을 거듭한 정병을 이끌고서 강을 올라와 오의 수도에 돌입하고 있었다. 부차로서는 바로 발밑의 땅이 꺼지는 듯한 순간이었다. 이제야말로 패자가 된다고 꿈에 부풀어 있던 바로 그 순간에…….

황지회맹(黃池會盟)

부차는 양미간을 찡그리고 생각에 잠겼다. 마침내 결심이 섰다. 그날 밤 부차는 군사들에게 전투 준비 명령을 내렸다. 말의 혀를 잡아매고 방울을 싸맨 다음 깃발을 휘날리며 오나라 군 3만은 고요하게 진군하여 진(晋)나라 군사 가까이 진을 쳤다. 날이 희미하게 밝아오자 부차는 명령을 내렸다. 곧 북과 징이 울려 퍼지고 함성은 천지를 진동시켰다. 진나라의 진이 우왕좌왕했다. 얼마 뒤 진공(晋公)의 사신이 달려 나와 전했다.

「오늘 낮을 기하여 맹약을 맺읍시다」

강공책은 성공했다. 그 날 진의 정공은 부차가 먼저 소의 귀를 잡는 것을 마침내 인정했다. 오공 부차(吳公夫差)라는 조건이 붙긴 했으나 지금의 부차로서는 그런 것을 따질 때가 아니었다. 한시가 급하게 일을 마무리 짓고 본국으로 돌아가야 했다.

부차는 쇠귀를 잡고 그것을 칼로 잘라 그 피를 먼저 마셨다. 이것이 패자를 인정하는 징표이기 때문에 고심해 온 것이다. 부차는 감개무량했다. ……하지만 부차는 알고 있었을까, 그것은 그에게 있어 서산에 지는 해의 마지막 빛이었다는 것을?

그는 그 뒤 월에게 연전연패를 당한다. 그리하여 6년 후 월의 대군에 포위되어 쓸쓸히 자결하게 된다.

하지만 부차가 그토록 집착한 「소의 귀를 잡는다」란 도대체 무엇인가? 그것은 고대 중국에서 제후가 모여 맹약을 할 때의 한 의식이다. 쇠귀를 떼어 그것을 째고 피를 서로 마신다. 이렇게 해서 신 앞에 맹세를 하는 것이다. 쇠귀에는 구멍이 없는 것처럼 보인다. 신 앞에서 맹서를 하는 사람들은 이렇게 쇠귀를 잡고 자기는 틀림없이 귓구멍을 뚫겠다, 신의 말을 듣겠다고 스스로를 경계했다고 전해온다.

그 옛날 쇠귀를 잡는 것은 지위가 낮은 자이고, 지위가 높은 맹주는 그저 입회만 했을 뿐이었다고 한다. 그것이 어느 사이엔가 가장 높은 자, 즉 맹주가 먼저 쇠귀를 잡게 되었다. 그러므로 「쇠귀를 잡는다」는 것이 그 회합에서 맹주로 인정되는 것을 뜻하게 되었다. 그래서 부차만이 아니고 중국의 제후는 「쇠귀를 잡는」데 열중하고 있었던 것이다.

제후는 망하고 의식은 없어져 버렸으나 이 말만은 남았다. 그리하여 동맹의 맹주가 되는 것, 단체나 모임의 우두머리가 되는 것을 이 말로 나타내게 되었다. 「한번 쇠귀를 잡아볼까」 하는 말도 이 말에서 유래한 것이다. 쇠귀, 그것을 먼저 잡기 위해 눈빛마저 달라진다. 다소 우스꽝스럽지만, 웃을 수도 없는 일이다.

황지의 모임에서 오왕(吳王)과 진공(晋公)의 누가 먼저 쇠귀를 잡았는지에 대해서는 《사기》에서도 《좌전》에서도 두 가지 설이 있어서 결정하기 어렵다. 여기서는 춘추외전(春秋外傳)이라고 일컬어지는 《국어》의 서술에 따랐다.

⑥ 以熱治熱 (이열치열) 以热治热 써 以 열 熱 다스릴 治

열(熱)을 열로써 다스림. 곧 힘은 힘으로써 물리침.

더운 것으로써 더운 것을 다스린다는 뜻으로, 어떠한 작용에 대하여 그것과 같은 수단으로 대응한다는 것을 비유한 말이다. 세력이 강할 때에는 강력하게 상대해야 하는 것처럼 부정적인 것을 없애야 할 경우에는 상대편이 사용하는 수단과 방법에 상응하는 수단과 방법을 써야 한다는 것이다.

즉 힘은 힘으로 물리치듯이, 열은 열로써 물리쳐야 한다는 뜻이다.

⑦ 願乞終養 (원걸종양) 愿乞终养 원할 願 빌 乞 마칠 終 기를 養

부모가 돌아가시는 날까지 봉양하기를 원하다는 뜻으로, 부모에 대한 지극한 효성을 이르는 말이다.

진(晋)나라 사람 이밀은 태어난 지 6개월 만에 아버지를 여의고 네 살 때 어머니도 개가하여 조모인 유씨(劉氏) 손에 자랐으므로 조모에 대한 효심이 지극하였다.

진(晋) 무제(武帝 : 사마염)가 이밀을 태자세마(太子洗馬)에 임명하였을 때 조모 유씨는 90세가 넘어 병석에 있었다. 이밀은 조모를 봉양해야 하므로 명을 따를 수 없는 사정을 글로 옮겨 무제에게 올렸는데, 이것이 「진정표(陳情表)」이다.

이밀은 글의 말미에 다음과 같이 간곡하게 말하였다.

「신(臣) 밀은 올해 44세이고 조모 유씨는 96세이니, 신이 폐하께 절의(節義)를 다할 날은 길고, 유씨를 봉양할 날은 짧습니다. 까마귀가 먹이를 물어다 늙은 어미에게 먹여 은혜를 갚듯이, 조모가 돌아가시는 날까지 봉양하게 해주시기를 바라옵니다(烏鳥私情 願乞終養). 신의 고충은 촉(蜀) 땅의 인사들뿐 아니라 양주와 익주의 장관들까지 잘 알고 있습니다. 바라건대 폐하께서는 어리석은 정성을 가엾게 여겨 신의 작은 뜻을 들어주십시오. 유씨가 요행히 여생을 끝까지 보존하게 된다면 신은 살아서는 마땅히 목숨을 바쳐 폐하를 섬기고, 죽어서도 결초보은(結草報恩)할 것입니다. 신이 두려운 마음을 이기지 못하여 삼가 절하며 표(表)를 올려 아뢰나이다」

무제는 이 글을 읽고 이밀의 효심에 감동하여 관직에 임명하려던 뜻을 거둔 것은 물론 이밀로 하여금 조모를 잘 봉양할 수 있도록 노비와 식량까지 하사하였다.

중국문학에서 서정문(抒情文)을 대표하는 작품 중 하나로, 제갈량(諸葛亮)의 「출사표(出師表)」 한유(韓愈)의 「제십이랑문(祭十二郎文)」과 더불어 중국 3대 명문에 속한다.

예로부터 「『출사표』를 읽고서도 눈물을 흘리지 않는 자는 충신이 아니고, 『진정표』를 읽고 눈물을 흘리지 않으면 효자가 아니다」라는 말이 있다.

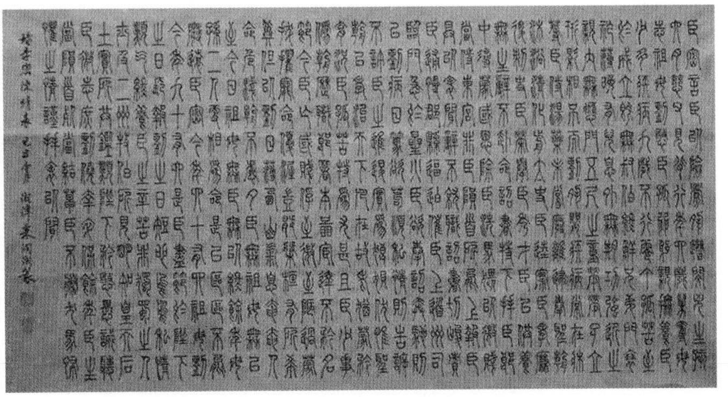

이밀의 「진정표」 전각(篆刻)

진정표를 쓴 이밀(李密, 224-287)은 진(晉)나라 무양(武陽) 사람으로, 태어나서 6개월 만에 아버지를 잃고, 네 살 때 어머니가 개가하여 할머니 유씨의 손에서 자랐다.

「까마귀의 사사로운 정」이라는 뜻으로, 까마귀가 자라서 길러준 늙은 어미에게 먹이를 물어다 먹여 은혜를 갚는 것과 마찬가지로 부모를 섬기는 자식의 지극한 효심을 비유하는 성어 「오조사정(烏鳥私情)」도 여기서 나온 말이다.

❽ 炎涼世態 (염량세태) 炎凉世态 더울 炎 서늘할 凉 세상 世 태도 態

권세가 있으면 아첨하고, 몰락하면 냉대하는 세상의 인심.

우리 속담에 「달면 삼키고 쓰면 뱉는다」와 비슷한 뜻으로, 이익이 되면 따라붙고 불리하면 냉정하게 배척하며 믿음과 의리나 지조(志操)가 없이 단지 이익만을 꾀함을 이르는 말이다.

「더웠다가 서늘하여지는 세태」라는 뜻으로, 무상한 변화의 세상형편을 말한다. 권세가 있을 경우에는 아부하고, 권세가 쇠락하면 등을 돌리는 인정의 두터움과 야박함이 무상한 세속의 형편을 비유한 말이다.

맹상군 능원

인생이나 사물의 성하고 쇠함이 서로 바뀐다는 영고성쇠(榮枯盛衰)가 무상한 세태를 말한다.

전국시대 제(齊)나라 맹상군(孟嘗君)은 권력을 잡고 세도를 부렸으나 동시에 뜻을 이루지 못한 선비와 기거할 곳 없는 지사, 재주 있는 자들을 모두 식객으로 받아들였다. 그들을 위해서 거금을 들여 집도 짓고 신분에 개의치 않고 접대도 했다.

제나라 왕은 그의 위세가 날로 커져가는 것에 불안을 느껴 그를 파직시키고 국외로 추방해버렸다. 그러자 그동안 대접을 받던 식객들도 모두 떠나가 버렸다.

그 후 제나라 왕이 다시 맹상군을 복직시키자 떠났던 식객들이 다시 몰려들었다. 맹상군이 황당하여 말했다.

「아니, 이 자들이 무슨 염치로 다시 나를 찾아오는 것인가?」

그러면서 받아들이지 않으려 했다. 그러자 곁에 있던 맹상군의 수하가 이렇게 말했다.

「사람들이 아침이면 시장으로 모이고 저녁이면 뒤도 돌아보지 않고 흩어지는 것은 사람들이 아침시장을 특별히 편애하고 저녁시장을 유달리 미워해서가 아닙니다. 저녁시장에는 필요한 물건이 이미 다 팔리고 없는지라 떠나갈 뿐입니다. 주군이 권세를 잃자 떠나간 것이고 다시 되찾자 모여들 뿐이니 이는 자연스러운 이치입니다. 속으로 원망은 되겠으나 저들을 물리치지 마십시오. 모두 주군의 힘이 될 것입니다」

이에 맹상군은 참고 웃는 얼굴로 그들을 받아들였다고 한다.

(*여기에 게재된 모든 고사성어는 명문당 간 《컬러판 고사성어대사전》에서 추록한 것이다.)

— 千字文나무 ❾ 끝 —

색인

고사성어가 열리는

천자문 나무 ❾

★

초판 인쇄일 / 2016년 11월 02일

초판 발행일 / 2016년 11월 07일

★

엮은이 / 팬더 컬렉션

펴낸이 / 김동구

펴낸데 / 明文堂

창립 1923. 10. 1

서울특별시 종로구 윤보선길 61(안국동)

우체국 010579-01-000682

☎ (영업) 733-3039, 734-4798

(편집) 733-4748 FAX. 734-9209

H.P. : www.myungmundang.net

e-mail : mmdbook1@hanmail.net

등록 1977. 11. 19. 제 1-148호

★

ISBN 979-11-85704-88-3 04910

ISBN 979-11-85704-48-7 04910 set

★

낙장이나 파본은 구입하신 서점에서 교환해 드립니다.

★

값 12,000원

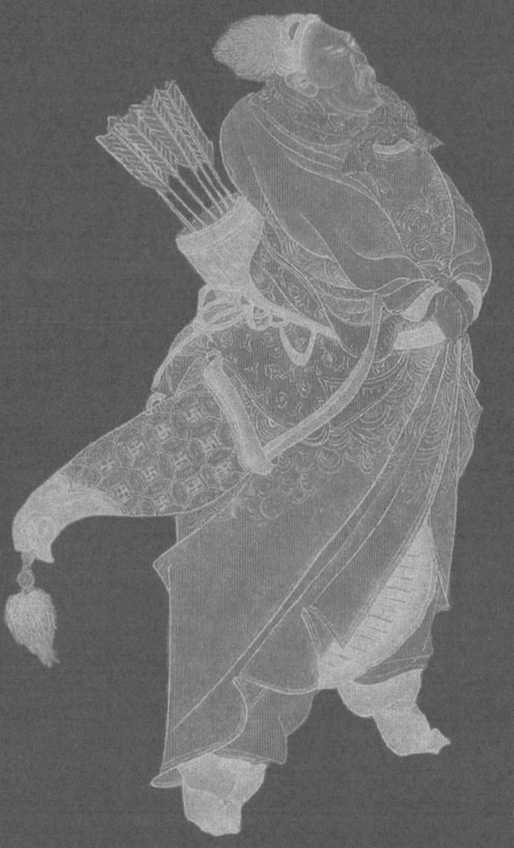

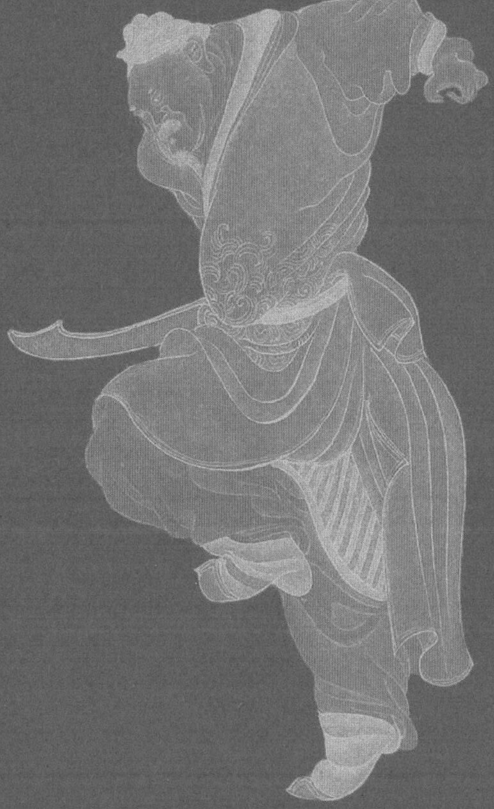